유쾌발랄 궁궐여행

역사가 살아 숨 쉬는 서울의 다섯 궁궐 이야기

김경복 글 | 김지애 그림

머리말

다섯 궁궐에 담긴 역사를 알아 가는 재미

　서울에는 다섯 개의 궁궐이 있어요. 조선 시대 왕들이 살던 곳이지요. 태조 이성계는 조선을 세우고 한양으로 도읍을 옮긴 뒤 경복궁을 지었어요. 그 뒤로 네 개의 궁궐이 더 지어져 조선의 궁궐은 다섯 개가 되었어요.
　궁궐은 정치가 이루어지는 공간이자 왕과 가족들이 사는 집이었어요. 정치가 이루어지는 외전 영역, 왕실 가족이 생활하는 내전 영역, 그리고 휴식 공간인 후원으로 나누어지지요.
　이 다섯 개의 궁궐에서 조선의 27대 왕들이 살았고, 500여 년 조선의 역사가 펼쳐졌어요. 우리가 알고 있는 조선의 왕들에 관한 이야기와 역사가 모두 다섯 궁궐 안에 담겨 있지요.

　역사의 현장이자 아름다운 전각으로 이루어진 궁궐은 우리에게 매력적인 체험 공간이에요. 우리는 학교에서 체험 학습으로도, 가족들과 나들이로도 궁궐을 자주 찾아요. 하지만 수많은 전각과 넓은 공간에 압도당해 정신없이 이곳저곳을 둘러보다가 금방 지쳐 돌아오는 일이 많지요. 궁궐에서 벌어진 역사적 사건이나 왕들의 생활 모습을 찬찬히 떠올려 보지도 못한 채 말이에요.

그래서 조선의 다섯 궁궐에 얽힌 역사와 여러 왕들의 이야기를 책 속에 담아 보았어요. 법궁인 경복궁에서부터 이궁으로 세워진 창덕궁, 그리고 창경궁과 경희궁, 경운궁(덕수궁)까지 각 궁궐과 전각에 담긴 의미와 거기서 벌어진 사건들을 재미있게 만날 수 있답니다.
왕과 왕비의 사랑 이야기에서부터 왕자의 탄생, 왕의 죽음과 새로운 왕의 즉위, 그리고 백성들을 위해 펼친 현명한 정치에 이르기까지…… 책을 다 읽고 나면 비슷비슷해 보였던 궁궐의 전각들이 생생하게 펼쳐지는 역사 속 현장으로 느껴질 거예요.

여러분이 궁궐을 찾는다면, 조선 건축의 아름다움도 한껏 감상해 보세요. 궁궐에는 바닥에 깐 돌 하나에도 기와 위에 얹은 잡상 하나에도 남다른 의미가 담겨져 있거든요. 근정전 천장의 용을 볼 때도, 월대에 자리한 사신과 열두 띠 동물을 볼 때도 그 의미를 떠올린다면 궁궐 체험이 더욱 뜻깊은 시간이 되겠지요.

이 책을 읽고 난 다음, 마치 조선 시대 임금의 하루를 내가 직접 눈으로 그려 보는 궁궐 체험을 할 수 있다면 좋겠습니다. 역사를 궁궐이라는 공간을 통해서 상상해 보는 즐거움을 마음껏 누려 보세요.

2018년 여름, 김경복

 차례

머리말 ... 4

1장
궁궐 여행을 떠나기 전에 ... 10

조선의 도읍지, 서울의 궁궐 ... 12
궁궐 건물이 세워지는 원칙 ... 15
궁궐로 들어가기 위한 여러 개의 문 ... 18
궁궐 건물의 구조 ... 20

2장
조선 제일의 궁궐, 경복궁 ... 24

고려를 무너뜨리고 조선을 세운 이성계 ... 26
새 도읍지 한양에 세운 경복궁 ... 31
재미있는 경복궁 기행 ... 36

❶ 광화문 : 경복궁의 정문
❷ 흥례문과 영제교 : 근정전으로 들어가는 길
❸ 영추문 : 왕자의 난이 일어난 서쪽 문
❹ 근정문 : 세종의 즉위식이 열린 곳
❺ 근정전 : 가장 으뜸이 되는 건물

❻ 수정전 : 집현전으로 쓰인 건물

❼ 자선당과 비현각 : 세자가 머무는 동궁전

❽ 사정전 : 임금의 집무실

❾ 강녕전 : 임금의 침전

❿ 교태전 : 구중궁궐에 있는 왕비의 침전

⓫ 경회루 : 연회를 베푸는 장소

임진왜란으로 위기를 맞은 경복궁 ...65

⓬ 자경전과 향원정 : 경복궁에서 가장 아름다운 곳

⓭ 건청궁 : 명성 황후의 비극이 서려 있는 곳

3장

많은 임금들이 사랑한 궁궐, 창덕궁 ...74

창덕궁을 좋아한 조선의 왕들 ...76

재미있는 창덕궁 기행 ...80

❶ 돈화문 : 창덕궁의 정문

❷ 인정문 : 임금의 즉위식이 열린 곳

❸ 인정전 : 나라의 중요한 행사가 열리던 곳

❹ 선정전 : 임금이 신하들과 정치를 의논하던 편전

❺ 희정당 : 임금이 주무시는 침전

❻ 대조전과 흥복헌 : 왕비가 주무시는 침전과 그 부속 건물

❼ 관물헌 : 갑신정변이 일어난 곳

❽ 낙선재 : 헌종이 경빈 김 씨를 위해 지은 건물

❾ 규장각 : 정조가 세운 왕실 도서관

4장
임금의 효심이 깃든 궁궐, 창경궁 ...112

임금의 효심이 낳은 궁궐 ...114

재미있는 창경궁 기행 ...117

    ❶ 홍화문 : 임금이 백성들을 만나던 창경궁의 정문

    ❷ 명정전과 명정문 : 창경궁의 정전과 정전으로 향하는 문

    ❸ 문정전 : 사도 세자의 비극이 벌어졌던 편전

    ❹ 환경전 : 임금의 침전

    ❺ 경춘전 : 대비가 머물던 곳

    ❻ 통명전 : 왕비의 침전

5장
한양 서쪽의 궁궐, 경희궁 ...132

서대문과 가까이 있는 궁궐 ...134

재미있는 경희궁 기행 ...138

    ❶ 흥화문 : 일본이 훼손한 경희궁의 정문

    ❷ 숭정문 : 여러 임금이 왕위에 오른 곳

    ❸ 숭정전 : 경희궁의 정전

    ❹ 자정전 : 임금이 신하들과 정치를 의논하던 편전

    ❺ 태령전 : 임금의 조상에게 제사를 지내는 곳

6장

대한 제국의 황궁, 덕수궁 ... 150

경운궁에서 이름이 바뀐 덕수궁 ... 152

재미있는 덕수궁 기행 ... 154

- ❶ 대한문 : 덕수궁의 정문
- ❷ 중화전과 중화문 : 덕수궁의 정전과 정전으로 향하는 문
- ❸ 석어당 : 임금 선조가 사용하던 건물
- ❹ 즉조당 : 광해군과 인조가 왕이 된 곳
- ❺ 준명당 : 덕혜 옹주의 유치원
- ❻ 정관헌 : 고종이 차를 마시던 곳
- ❼ 덕홍전과 함녕전 : 임금이 신하는 만나던 곳과 고종의 침전
- ❽ 중명전 : 황실 도서관이자 고종의 집무실

1장

궁궐 여행을 떠나기 전에

본격적인 여행을 떠나기 전에 궁궐에 대한 기본 상식을 알아볼까요?

조선의 도읍지, 서울의 궁궐

> 조선의 임금들은 궁궐에서 나랏일을 보고 생활했어요. 궁궐이 있는 서울은 정치의 중심지였지요.

 경복궁, 창덕궁, 창경궁 등 서울에는 궁궐이 많이 있어요. 임금과 그 가족이 지내던 집을 보통 '궁궐'이라고 하지요. 궁궐의 '궁'은 임금과 그 가족이 사는 집을, '궐'은 궁을 둘러싼 담과 문, 망루 등을 가리켜요. 이곳에서 조선의 임금이 생활하며 나랏일을 보았어요. 서울은 500년 넘는 역사를 가진 조선의 도읍지며, 정치의 중심지였기 때문에 땅이 그리 넓지는 않지만 많은 궁궐들이 모여 있어요.

 임금은 한 궁궐에서만 지내지는 않았어요. 임금이 공식적으로 나랏일을 보고 생활하는 기본 궁궐을 법궁으로 두고, 만일을 대비해 이궁을 또 두었어요. 법궁에 불이 나거나 전염병이 드는 등 임금이 지낼 수 없는 만일을 대비해서 말이에요.

 조선의 법통을 상징하는 법궁이 바로 경복궁이에요. 조선 시대에는 경복궁 말고, 궁궐 네 곳을 더 지었어요. 창덕궁과 창경궁, 경희궁과 경운궁이에요. 그리고 창덕궁과 창경궁은 경복궁의 동쪽에 위치한다고 해서 동궐, 경희궁은 서쪽에 위치한다고 해서 서궐이라 불렸지요.

 1392년 이성계는 조선을 세우고, 새 도읍지를 정하면서 경복궁을 짓기로 결정했어요. 그리고 그 전에 왕조의 기틀이 되는 종묘와 사직을 먼저 완

서울의 궁궐들

성했답니다. 종묘는 왕의 조상에게 제사를 드리는 사당이고, 사직은 토지신과 곡식 신에게 제사를 드리는 제단이에요. 조선은 효도하는 것을 높은 가치로 여겼으며, 농사를 기본으로 나라를 운영하였기 때문에 이 두 곳은 아주 중요한 장소였지요.

궁궐 건물이 세워지는 원칙

서울에는 서로 다른 궁궐 다섯 곳이 있어요. 그러면 각 궁궐 안의 건물들은 어떻게 이루어져 있을까요? 물론 임금이 나랏일을 잘 돌보고 생활할 수 있도록 꾸며져 있지요. 함께 알아볼까요?

외전
임금이 공식적으로 나랏일을 하고, 행사를 여는 영역

외전은 임금이 나랏일을 하는 공간을 말해요. 외전 영역에 속하는 건물들을 살펴볼까요?
궁궐에 들어서면 보통 가장 처음 보이는 건물을 '정전'이라고 하는데, 궁궐을 대표하는 건물이에요. 이곳에서 임금과 신하들이 조회를 열고, 큰 행사를 치르지요. 정전은 앞에 넓은 마당이 있어요. 이 넓은 뜰을 '조정'이라고 해요.
보통 정전 뒤쪽으로는 '편전'이 있어요. 이곳은 임금이 쓰는 사무실이라고 생각하면 돼요. 임금은 매일 편전에 나와서 경연(신하가 임금에게 유교의 경서와 역사를 가르치는 것)을 하고 신하들과 회의도 하지요.
'궐내각사'도 외전에 속해요. 궐내각사는 신하들이 일하는 공간을 말해요. 고위 관료들이 중요한 회의를 열던 '빈청', 임금의 비서 기관인 '승정원', 임금의 건강을 책임지는 어의가 머무는 '내의원' 등이 있었어요.

궁궐(경복궁) 안의 모습

내전
임금과 그 가족들이 지내는 공간

내전은 임금과 왕비를 비롯한 왕실 가족이 생활하는 공간이에요. 임금과 왕비가 주무시는 곳, 임금의 어머니나 할머니가 머무는 곳, 세자가 생활하는 곳, 후궁들이 머무는 곳 등이에요.

왕비가 지내는 곳은 궁궐의 가장 중심이 되는 곳에 있어서 '중궁전'이라고 불러요. 또 중궁전에 가려면 문을 9개 통과해야 한다고 해서 구중궁궐이라고도 해요.

임금의 아들로, 다음 임금이 될 세자가 지내는 곳은 '동궁전'이라고 해요. 말 그대로 동쪽에 있는 궁궐을 뜻하는 거예요. 세자가 사는 건물을 이처럼 동쪽에 둔 것은, 아침에 해가 떠오르는 것을 앞으로 임금이 될 세자의 모습과 같이 보았기 때문이랍니다.

동궁 안에는 세자의 안전을 책임지는 경호 기관인 '세자익위사'와 교육을 담당하는 기관인 '세자시강원'도 있었어요.

후원
임금과 그 가족들의 휴식처

궁궐의 가장 북쪽에는 보통 후원이 있었어요. 후원은 임금과 그 가족들이 휴식을 취할 수 있도록 만든 공간이랍니다. 연못이나 정자가 있기도 하고, 작은 논이 있어서 임금이 직접 농사를 지어 백성들에게 모범을 보이기도 했대요.

옛날 경복궁의 후원은 오늘날 청와대 자리에 있었어요.

궁궐로 들어가기 위한 여러 개의 문

궁궐에는 보통 4대문을 만드는데, 경복궁의 경우 4대문은 남쪽의 광화문, 북쪽의 신무문, 동쪽의 건춘문, 서쪽의 영추문이에요. 경복궁의 남문은 원래 '오문' 또는 '정문'이라고 불렀어요. 그러다가 세종 임금 때 집현전 학자들이 '빛이 사방을 덮고 교화가 만방에 비친다'는 의미의 '광화문'으로 이름을 바꾸었어요.

광화문 오른쪽으로 걷다 보면 담이 끝난 곳에 누각이 하나 보여요. 이것이 바로 궁궐을 지키는 군사들이 머물던 망루인 '동십자각'이에요. 원래 동십자각은 담과 연결되어 있었는데, 지금은 따로 떨어져 있어 전혀 상관없는 건물처럼 보여요. 원래 광화문 서쪽에는 '서십자각'도 있어 두 개의 망루에 군사들이 머물며 궁궐을 지켰

동십자각/서십자각
원래 광화문 오른쪽과 왼쪽에는 궁궐을 지키는 망루가 세워져 있었어요.

으나, 서십자각은 지금은 남아 있지 않아요.

 이제 경복궁으로 들어가 볼까요? 정문인 광화문으로 들어가면 흥례문이 나와요. 흥례문은 '예를 널리 편다'는 뜻을 담고 있는 문이지요.

 흥례문을 지나면 작은 개천이 나와요. 이것을 금천이라고 해요. 금천은 임금이 계신 안쪽과 그 밖을 나누는 경계로 여겨져요. 또 흐르는 물이 궁궐로 나쁜 기운이 들어오지 못하도록 막아 준다고도 생각했지요.

 경복궁의 금천 위에는 영제교라 불리는 돌다리가 세워져 있답니다.

영제교
금천은 임금이 계신 안과 밖을 나누는 경계예요.
금천 위에는 영제교라는 돌다리가 놓여 있지요.

궁궐 건물의 구조

궁궐 건물들이 다 비슷비슷하게 보인다고요? 궁궐 건물의 기본적인 구조를 익혀 두면 궁궐을 찾아갔을 때 더 재미있게 건물들을 살펴볼 수 있어요.

편액
건물을 앞에서 보면 문 위쪽 가장 가운데에 판자로 건물의 이름을 적어 두었어요. 이것이 편액이에요.

월대
건물보다 앞쪽으로 나와 있어 무대 같은 역할을 해요. 중요한 건물에 놓여 있지요.

기단
건물 전체를 받치고 있는 아랫부분이에요.

용마루
지붕의 가장 가운데 높은 부분을 말해요.

잡상
지붕 양 끝에 있는 작은 조각상이에요. 이 조각에 궁궐을 잘 지켜 달라는 바람을 담았지요. 잡상은 궁궐에서 중요한 건물일수록 그 수가 많아요.

답도
임금이 사용하는 계단이에요. 계단 가운데 경사진 부분에 용이나 봉황을 새겨 넣었어요.

궁궐 건물을 하나하나 자세히 들여다볼까요?

조선을 대표하는
5대 궁궐을 하나하나 살펴볼까요?

조선 제일의 법궁, 경복궁

1392년 조선을 세운 이성계가 새 왕조의 기틀을 다질 새로운 도읍지를 한양으로 정하고 최초로 지은 궁궐이에요. 조선에서 가장 으뜸이 되는 정궁이자 법통을 상징하는 법궁이지요.

경복궁은 한성의 서북쪽에 치우쳐 있다고 해서 북궐이라 불렸어요. 그리고 창덕궁과 창경궁은 경복궁의 동쪽에 위치한다고 해서 동궐, 경희궁은 서쪽에 위치한다고 해서 서궐이라 불렸지요.

이궁으로 지어진 창덕궁

조선 제3대 임금 태종이 지은 궁궐이에요. 경복궁에서 다른 왕자들과 계속 싸움을 일으켰기 때문에 새로운 궁궐에서 지내고 싶었거든요. 창덕궁은 산을 깎아 세운 궁궐로, 자연과 잘 어울리게 지어져서 아기자기한 매력이 있어요. 그 뒤에 여러 임금들도 넓고 질서 정연하게 세워진 경복궁보다는 이러한 창덕궁을 더 좋아했지요.

임금의 효심이 깃든 창경궁

창경궁은 조선 제9대 임금 성종이 할머니 정희왕후의 지낼 곳을 마련하기 위해 지은 궁궐이에요. 1592년 임진왜란으로 불타 버렸지만 제15대 임금 광해군 때 와서 수리되고 다시 세워졌지요. 그러면서 창덕궁을 보조하는 궁궐로 그 역할을 충실히 해 왔답니다.

왕기가 서린 터에 지은 **경희궁**

경희궁 자리는 광해군의 이복동생이었던 정원군의 집이 있던 곳이에요. 정원군의 집 터에 왕기가 서렸다는 소문이 돌자 광해군이 집터를 빼앗아 새롭게 지은 궁궐이 바로 이곳이랍니다.

조선 후기에는 창덕궁과 창경궁을 법궁으로, 경희궁을 이궁으로 삼았어요. 하지만 안타깝게도 일제 강점기를 거치며 경희궁은 궁궐로서의 모습을 완전히 잃어버리고 말았지요.

나 고종이 일본에게 임금의 자리를 빼앗긴 장소야.

덕수궁으로 이름이 바뀐 **경운궁**

경운궁은 원래 조선 제9대 임금 성종의 형인 월산대군이 살던 집이었어요. 임진왜란이 일어나 모든 궁궐이 불타자 제14대 임금 선조가 이곳을 임시 궁궐로 삼았어요. 그리고 광해군 때에 와서 경운궁이라는 이름을 얻게 되었어요.

이곳 역시 일제 강점기에 수난을 겪었어요. 대한 제국의 고종 황제가 일본에 의해 황제의 자리에서 물러나게 되자 그 아들인 순종 황제가 아버지를 위해 '덕을 찬양하고 장수를 기원한다'는 뜻으로 덕수궁이란 이름을 지어 올렸지요.

경복궁이 세워진 해는 1395년입니다. 조선 왕조를 대표하는 건물이에요. 태조 이성계는 고려를 무너뜨린 다음, 조선 왕조를 세우고 이 건물을 지었지요.
경복궁은 궁궐 중에서도 '법궁'이라고 불려요. 법궁이란 임금이 공식적으로 나랏일을 보고 생활하는 궁궐을 말하지요. 그 뒤로도 조선의 왕들은 태조 이성계가 세운 경복궁을 조선 제1의 법궁으로 중요하게 여겼어요.

고려를 무너뜨리고 조선을 세운 이성계

태조 이성계는 원래 고려의 신하였어요. 하지만 고려의 나라 사정이 어지러워지자 새로운 나라를 세우기로 마음먹었지요.

고려 말은 나라가 무척 혼란스러웠어요. 북쪽에서는 도둑의 무리인 홍건적이 내려와 우리 백성들을 괴롭히고, 남쪽에서는 왜구가 쳐들어와 노략질을 일삼았어요. 고려 백성들은 하루도 마음 편할 날이 없었지요. 다행히 이성계와 최영 등 고려의 장군들이 나서서 홍건적과 왜구를 물리쳤어요. 그러면서 이들은 나라의 중요한 인물로 떠올랐어요.

당시 고려는 '권문세족'이라는 귀족들이 나라 정치를 좌지우지했어요. 그러나 이들은 자기들 배만 불릴 줄 알았지 헐벗고 굶주린 백성들은 돌보지

신진 사대부는 고려 후기 최고의 장군 이성계와 가까운 사람이 많지.

신진 사대부

고려 최고의 장군 최영은 권문세족 출신이야. 신진 사대부와는 반대 입장에 서 있지. 고려 임금인 우왕도 최영에게 의지한다고!

권문세족

당시 고려에서는 원래 귀족이었던 권문세족이 부패하면서 나라를 개혁하고자 하는 세력인 신진 사대부가 나타났어요.

않았지요. 이때 부패한 정치에 맞서 나라를 크게 개혁해야 한다는 생각을 가진 사람들이 나왔어요. 바로 '신진 사대부'예요. 이들은 중국을 통해 들어온 성리학을 공부하고 과거에 급제한 관리들을 말해요. 신진 사대부들 중에는 이성계와 가까운 사람들이 많았어요.

당시 중국의 상황은 어땠을까요? 몽골이 세운 원나라는 북쪽으로 쫓겨가고, 이제 명나라가 대륙을 차지했어요. 새롭게 일어나 기세등등했던 명나라는 고려에도 힘을 과시했어요. 철령(함경도와 강원도 경계) 이북 땅을

내놓으라고 고려를 협박한 거예요. 철령 이북 땅은 원래 고려 영토였는데, 원나라가 빼앗아 가서 쌍성총관부라는 관아를 두고 제 땅처럼 다스렸지요. 그러다 고려 제31대 임금 공민왕이 겨우 이 땅을 되찾았는데, 명나라는 여길 다시 내놓으라며 생떼를 썼어요.

고려 관리들은 이 문제로 고민했어요. 그러다 못된 명나라를 혼내 줘야 한다는 무리(강경파)와 새롭게 일어난 강한 나라 명나라와는 좋은 관계를 맺어야 한다는 무리(온건파)로 갈리고 말았어요.

팽팽한 의견 대립 속에서 당시 고려의 임금 우왕은 결국 이성계와 최민수를 시켜 요동 지역을 정벌하고 명나라를 혼내 주라고 명령했어요.

온건파에 속했던 이성계는 왕의 명령에, 명나라는 강한 나라이며 지금은 백성들이 바쁘게 농사지을 때이니 가을까지 기다리자는 의견을 냈어요. 하지만 우왕은 이성계의 말을 듣지 않았어요.

하는 수 없이 이성계는 최민수와 함께 군사를 거느리고 1388년 4월 18일 평양을 떠났어요. 그러고는 19일 만

위화도 회군
이성계는 우왕의 명령에 따라 명나라를 공격하기 위해 군대를 이끌고 떠났어요. 하지만 강대국인 명나라와의 전쟁은 위험하다고 판단하고 위화도에서 군대를 되돌려 돌아와서 우왕과 최영을 제거하고 권력을 잡았어요.

에 압록강 위에 있는 위화도라는 작은 섬에 도착했지요. 때는 여름이라 한창 장맛비가 내리고 있었어요. 발이 묶인 이성계는 우왕에게 소식을 보내 공격을 미루어 달라고 요청했지만 돌아온 대답은 빨리 압록강을 건너라는 재촉뿐이었어요.

싸움터에서 잔뼈가 굵은 이성계는 이 전쟁이 결코 쉽지 않으리라는 것을 잘 알았어요. 한참을 고민하던 이성계는 굳은 결심을 하고 군대를 이끌고 위화도를 빠져나왔어요. 쏜살같이 개경으로 달려 불과 9일 만에 개경에 도착했지요. 이어 이성계는 성을 함락하고 우왕과 최영을 붙잡아 멀리 귀양을 보냈어요.

스스로 고려 최고의 권력을 거머쥔 이성계는 힘들었던 백성들의 생활을 돌보았어요. 토지 제도를 개혁하여 귀족에게 빼앗은 토지를 농민에게 나누어 주고는, 수확한 것의 10분의 1만 세금으로 거두었어요. 귀족에게 수확한 것의 절반을 빼앗기던 백성에게는 너무나 고마운 일이었어요. 이렇게 민심까지 얻은 이성계는 1392년 7월 17일 새로운 왕조를 세웠어요. 이후 나라 이름은 단군 조선을 계승한다는 뜻에서 '조선'이라 정했지요.

새 도읍지
한양에 세운 경복궁

이성계가 임금의 자리에 오른 곳은 고려의 도읍인 개경의 수창궁이었어요. 고려 초기에 지어진 수창궁은 개경의 서소문 안에 있었어요. 원래 고려 황궁은 만월대에 있었는데, 홍건적이 침입했을 때 불타 버렸어요. 그래서 수창궁을 다시 짓고는, 이곳을 대표 궁궐로 삼았지요.

조선이 세워졌지만 고려 500년의 도읍지였던 개경에는 아직도 고려 왕조를 그리워하는 충신들이 많았어요. 뿐만 아니라 고려 사람들은 고려의 신하였던 이성계가 고려 왕을 내친 이곳 개성 땅의 기운이 나쁘다고 수군거렸지요.

이런 곳에서 이성계는 왕 노릇하는 것이 기쁘지 않았어요. 새로운 도읍지를 만들어 조선을 강한 나라로 키우고 싶었지요. 계룡산, 무악 등이 새 도읍지 후보에 올랐어요. 이때 조선의 승려였던 무학 대사가 백악산 아래에 있는 고려의 옛 별궁터를 도읍지로 추천했어요. '사면이 높고 아름다우며 중앙이 평평하니 성을 쌓아 도읍을 할 만한 땅'이라고 칭찬하면서요. 그곳이 바로 한양이에요. 이성계는 이곳이 마음에 들었어요. 이성계는 정도전을 비롯한 여러 신하들에게 새 도읍지를 만들 구체적인 계획을 세우라고 지시했어요.

1394년, 종묘 터를 닦는 것으로부터 새 도읍지 공사가 시작되었어요. 이성계는 궁궐을 짓기 전 왕조의 기틀이 되는 종묘와 사직을 먼저 완성했어

종묘
효도를 매우 중요하게 여겼던 조선의 왕들은 1년에 5번, 그리고 특별한 일이 있을 때 종묘에 와서 제례를 올렸어요. 종묘와 종묘 제례악은 원형이 잘 보존되어 유네스코 세계 유산으로까지 지정되어 있어요.

사직단
조선은 농업을 기본으로 하는 사회였기 때문에 토지신과 곡식신에게 제례를 올렸어요. 1년에 세 차례 제사를 지냈으며, 가뭄이 들 때에는 기우제를 지내기도 했어요.

요. 종묘는 왕의 조상에게 제사를 드리는 사당이고, 사직은 토지신과 곡식의 신에게 제사를 드리는 제단이에요.

1395년 9월 마침내 완성된 궁궐은 경복궁(景福宮, 클 경, 복 복, 궁전 궁)이라 이름 지어졌어요. 태조가 경복궁을 처음 완성했을 때에는 전각(궁궐 안의 건물)이 390여 칸 정도였어요. 왕이 잠자는 곳인 강녕전과 왕의 사무실인 사정전, 궁궐을 대표하는 건물인 근정전 등 필요한 전각이 먼저 지어졌어요. 그 뒤 이곳에 살던 임금들이 필요할 때마다 전각을 늘려 많은 건물이 생겨났어요. 조선 제26대 임금 고종 때, 흥선 대원군이 경복궁을 다시 지으면서 파악한 전각이 7,481칸이었다 하니 처음보다 궁궐의 규모가 매우 크게 늘어났음을 알 수 있지요?

궁궐을 완성한 뒤에는 도성을 쌓았어요. 도성은 궁궐과 도읍지 한양을 보호하는 성벽을 말해요. 한양을 둘러싸고 있는 북쪽의 백악산(북악산), 남쪽의 목멱산(남산), 동쪽의 타락산(낙산), 서쪽의 인왕산을 잇는 성벽을 쌓아 도성을 완성했지요.

도성에는 4대문을 만들어 백성과 물자가 문을 통해 드나들도록 했어요. 4대문은 동쪽의 흥인지문, 서쪽의 돈의문, 남쪽의 숭례문, 북쪽의 숙정문을 말해요. 4대문은 모두 유교에서 지켜야 할 기본 도리인 '인의예지(仁義禮智, 어질 인, 옳을 의, 예도 예, 슬기 지)'를 넣어서 지었어요. 다만 북쪽문은 '정(靖, 꾀 정)'과 '지(智, 슬기 지)'가 서로 뜻이 통해서 숙정문이라 지었어요.

도성 안에는 청계천이 흐르고, 바깥에는 한강이 흘러 백성들이 살아가는 데 필요한 물도 풍부했어요. 4개의 산으로 둘러싸여 적을 방어하기 쉽고 생활에 필요한 물도 잘 이용할 수 있는 한양은 최고의 도읍지였지요. 조선

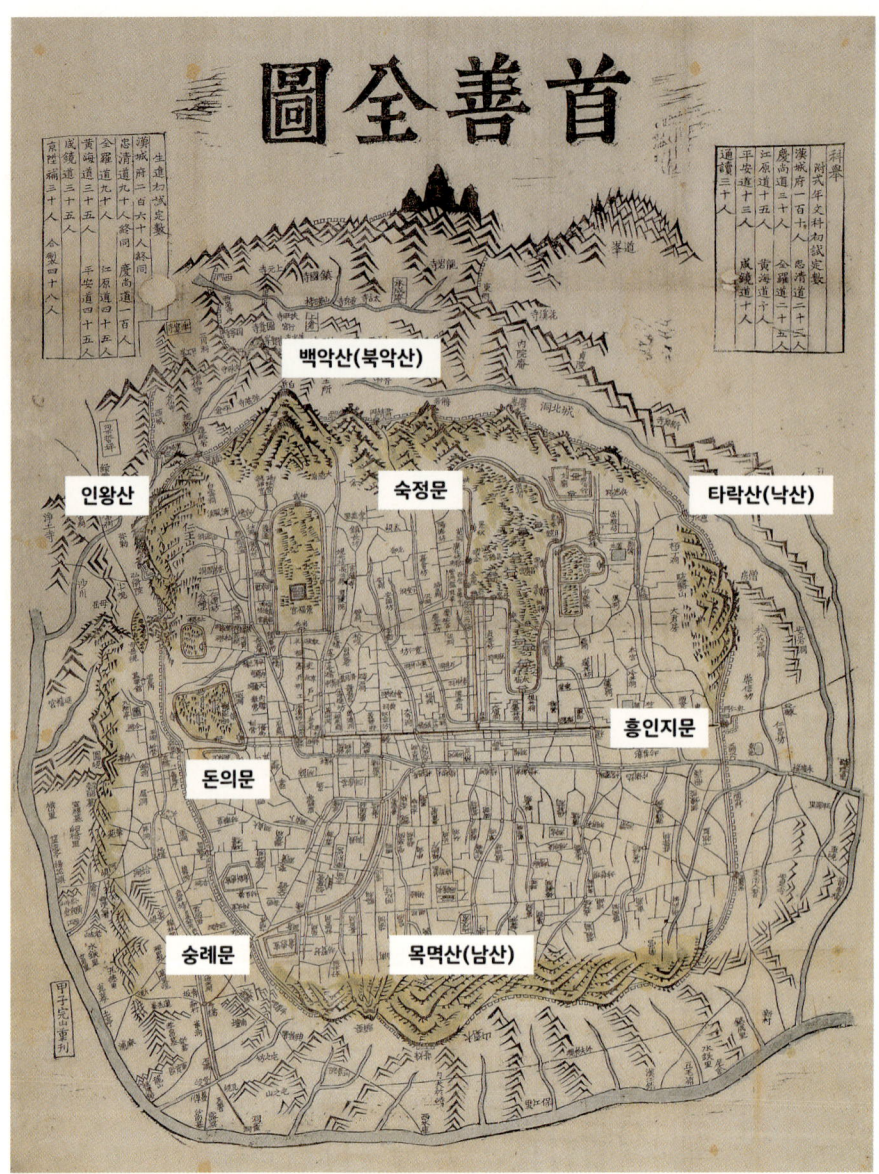

수선전도 | 조선 시대 서울을 그린 지도예요.

왕조는 이곳에 도읍을 정한 이후 500년 넘게 명맥을 유지하며 번영을 누렸으니, 한양은 정말 좋은 도읍지였던 게 맞지요?

 이제 본격적으로 경복궁 여행을 떠나 볼까요? 이 지도를 참고해서 다음 페이지부터는 각각의 건물들과 건물 속에 숨겨진 역사 이야기를 만나 보아요.

한눈에 보는 경복궁

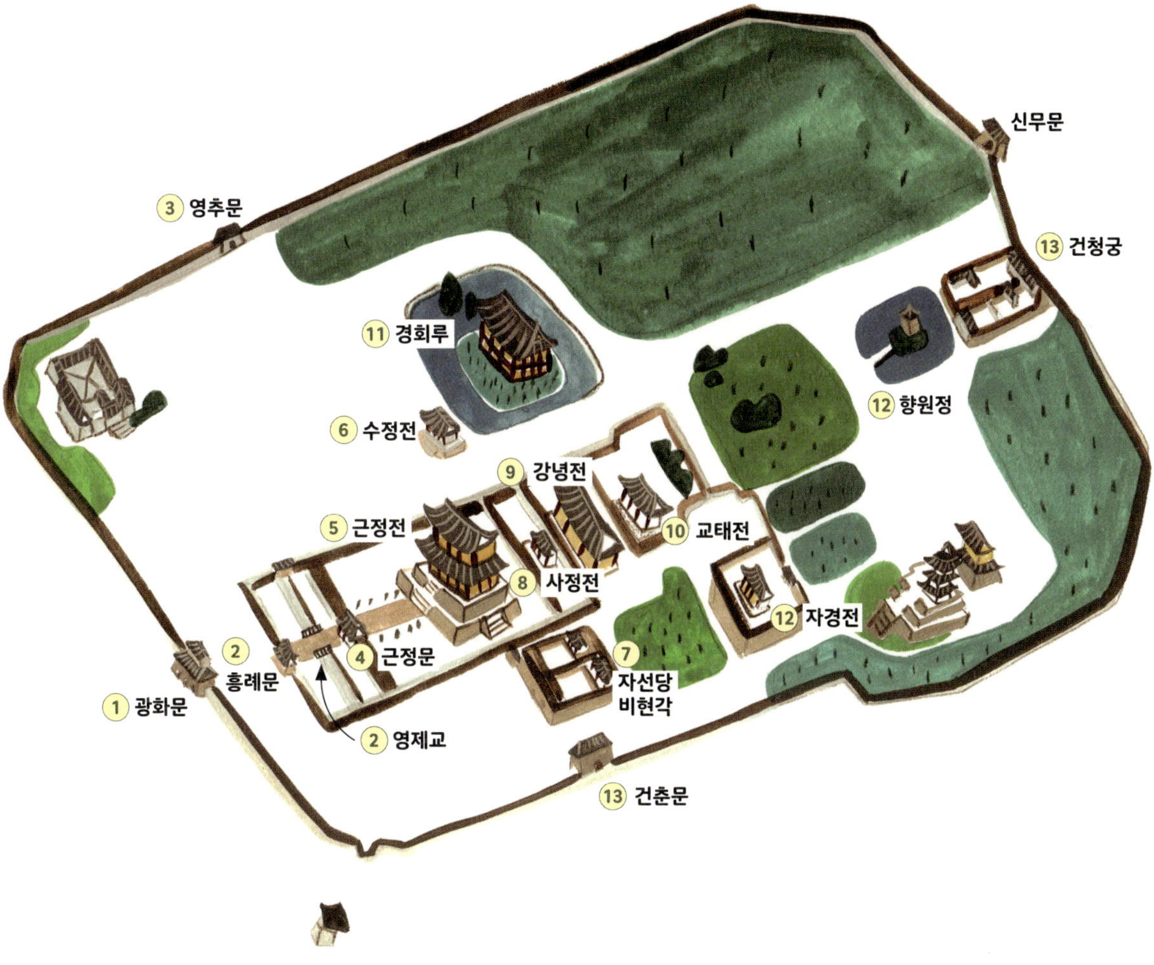

① 광화문
② 흥례문
② 영제교
③ 영추문
④ 근정문
⑤ 근정전
⑥ 수정전
⑦ 자선당 비현각
⑧ 사정전
⑨ 강녕전
⑩ 교태전
⑪ 경회루
⑫ 향원정
⑫ 자경전
⑬ 건청궁
⑬ 건춘문
신무문

재미있는 경복궁 기행

1 광화문 ⋯▶ 경복궁의 정문

경복궁의 정문은 광화문이에요. 조선 시대 궁궐 정문 이름에는 모두 '화(化)' 자가 들어가요. 창덕궁은 돈화문, 창경궁은 홍화문, 경운궁은 인화문, 경희궁은 흥화문이지요. '화'에는 '백성들을 가르치고 이끌어 감화시킨다'는 의미가 있어요.

광화문은 처음에는 남쪽에 있는 문이라 하여 '오문' 또는 '정문'이라 불렸어요. 그러다 조선 제4대 임금 세종 때 집현전 학자들이 '빛이 사방을 덮고 교화가 만방에 미친다'는 뜻으로 광화문이라고 부르기 시작했지요.

광화문 앞에는 해태 2마리가 세워져 있어요. 해태는 해치라고도 하는 상

해태
해치라고도 불리는 상상의 동물이에요. 원래는 지금의 자리에 있지 않고, 오늘날 정부서울청사와 세종문화회관 중간쯤 되는 사헌부 자리에 있었어요.

상의 동물이에요. 사자 같은 생김새에 이마 가운데에 뿔이 나 있고 복슬복슬한 털이 솟아 있어요. 원래 해태는 지금의 자리에 있지 않았어요. 오늘날 정부서울청사와 세종문화회관의 중간쯤 되는 부분에 사헌부가 있었는데, 그 앞에 한 마리가 있었어요. 나머지 한 마리는 6조 거리 반대편에 있었어요. 해태는 옳고 그름과 선악을 지혜롭게 판단하는 동물로 알려져 있어요. 그래서 조선 시대 법을 집행하는 사헌부 앞에 해태가 있었고, 사헌부의 관리들은 흉배에 해태를 수놓았다고 해요.

조선 관리들의 옷에 수놓았던 해태

광화문
석축을 쌓고 가운데에 홍예(문)를 세 개 만든 다음, 누각을 얹어 완성했어요. 가운데 문으로는 임금만이 드나들 수 있었지요.

광화문은 석축을 쌓고, 가운데에 홍예(윗부분을 무지개 모양으로 반원형이 되게 만든 문)를 세 개 만든 다음 누각을 얹었어요. 가운데 홍예로는 임금만이 드나들 수 있었는데, 천장에는 주작이 날고 있어요. 서쪽 문 천장에는 신령스런 거북이, 동쪽 문 천장에는 기린이 그려져 있지요.

조선의 임금들은 광화문에 나와 백성들의 소리를 들었어요. 또 중요한 정치적 사건이 있을 때는 이곳에서 백성들에게 설명도 했지요. 임금이 백성들의 의견을 묻는 만남의 광장이기도 했던 거예요.

이곳 문루에는 종이 걸려 있어 시각을 알려 주기도 했어요. 시각은 집현전 옆에 있는 보루각의 자격루가 알리는 신호를 표준시로 삼았어요. 보루각에서 신호를 보내오면 근정문-광화문-종루, 이렇게 차례로 종을 쳐서 모든 궁문과 도성문을

조선 시대 임금들은 광화문에 나와 백성들을 만나고 어려운 이야기를 들어주었어요.

여닫을 때를 알렸지요.

2 흥례문과 영제교 … 근정전으로 들어가는 길

광화문을 지나 흥례문으로 들어서면 금천이 있지요. 금천 위에 있는 영제교를 건너면 바로 임금의 신성한 공간이 시작돼요. 금천은 바로 임금의 공간으로 들어가는 것을 알리는 개울이에요. 영제교를 건너야 비로소 정치 공간으로 들어가는 근정문을 마주 볼 수 있어요. 조선 시대 궁궐에서 정전으로 가려면 3개의 문을 지나야 했어요. 경복궁은 광화문과 흥례문, 근정문을 지나야 비로소 근정전으로 들어가게 되지요.

경복궁으로 들어오는 문은 광화문 이외에도 3개가 더 있어요. 서쪽에 영

금천과 영제교
금천은 임금의 공간으로 들어가는 것을 알리는 개울이에요. 영제교를 건너야 비로소 임금의 정치 공간으로 들어갈 수 있어요.

정전으로 가는 3개의 문 | 궁궐에서는 정전으로 가려면 3개의 문을 지나야 했어요.

추문, 동쪽에 건춘문, 북쪽에 신무문이지요. 궐문을 들어설 때는 반드시 신부(나무 출입증)를 내보이고 드나드는 사람의 이름을 적고, 소지품 검사도 받았어요. 허락 없이 궐문에 들어오면 큰 벌을 받았답니다. 이렇게 엄하게 궐문을 지키는데도 엉뚱한 사람들이 궁궐에 들어오는 일이 꽤 있었다고 해요.

3 영추문 ⋯ 왕자의 난이 일어난 서쪽 문

궁궐은 왕과 가족이 사는 공간이자 나라의 정치가 이루어지는 공간이에요. 경복궁의 서문인 영추문은 '왕자의 난'이라는 역사가 깃든 곳이기도 해요. 왕자의 난은 조선을 세운 이성계의 아들들, 그러니까 왕자들이 권력을 거머쥐기 위해 서로 다툰 일을 말해요. 이 싸움이 얼마나 치열했던지 이때 경복궁은 피와 죽음으로 물들었답니다. 그 이야기 속으로 들어가 볼까요?

 태조 이성계가 조선을 세우고 왕이 되는 데에는 다섯째 아들인 이방원의 공이 컸어요. 이방원은 내심 자신이 후에 임금의 자리에 오르길 바랐지요.

 그러나 태조의 두 번째 부인이었던 왕비 강 씨와 당시 최고 관리였던 정도전은 방원 대신 강 씨의 둘째 아들인 방석이 왕세자가 되길 바랐어요. 정도전은 강력한 왕이 다스리는 나라보다 훌륭한 신하들이 이끌어 가는 나라를 원했거든요. 그러기 위해서는 성격이 강하며 이미 어른이 된 방원보다는, 똘똘하면서도 나이 어린 방석이 낫겠다고 생각했지요.

 태조 이성계는 누구의 편을 들어 주었을까요? 결국 왕비와 정도전의 뜻

영추문
태조의 다섯째 아들 이방원은 조선을 세우는 데 공을 세웠지만 왕세자가 되지 못했어요. 그러자 왕자의 난을 일으키고는 스스로 권력을 잡고자 했지요. 영추문은 왕자의 난이 일어난 장소랍니다.

을 받아들여 방석을 왕세자로 책봉했어요. 뿐만 아니라 태조는 나라를 세울 때 공로가 있는 신하들에게 상을 내리면서 다른 아들들은 명단에서 빼 버렸어요. 아들들이 개인적으로 가지고 있던 군사들도 빼앗아 나라에 속하게 했고요.

여기에 이방원의 불만은 커져만 갔어요. 그러던 중 왕비 강 씨가 세상을 떠났어요. 그 충격에 태조도 건강이 나빠졌고요. 1398년 8월 26일, 정도전은 태조가 병을 치료하려면 요양을 가야 하니 왕자들은 모두 대궐에 들어와서 인사를 드리라고 했어요. 정도전은 태조의 병을 핑계로 왕자들을 불러들여 혼을 내 줄 속셈이었지요.

그러나 궁문에 등불이 없는 것을 본 이방원은 이상한 낌새를 느꼈어요. 이방원은 곧 말을 타고 재빨리 영추문으로 달려 나왔어요. 그런 뒤 자신의 신하였던 이숙번의 군사 50명과 자기 군사를 데리고 정도전 등 신하들이 모여 있는 집에 가서 불을 놓았어요. 그리고 도망치는 정도전을 잡아 죽였지요. '왕자의 난'이 시작된 거예요.

이방원은 곧이어 동생 방석과 그의 형 방번도 영추문을

왕자의 난
왕의 자리를 차지하려던 이방원은 신하 정도전과 동생 방석, 형 방번을 죽였어요.

조선 제3대 임금이 된 이방원
태조의 아들들은 왕의 자리를 두고 다시 한 번 싸웠어요. 2차 왕자의 난이 일어나고 결국 이방원이 조선의 임금이 되었어요.

통해 유배를 보낸 뒤 죽이고 말았어요. 태조는 이 일로 이방원을 두고두고 미워했다고 해요.

그 뒤 이방원은 형 방과(조선 제2대 임금 정종)를 왕의 자리에 앉혔어요. 동생에게 떠밀려 왕이 된 정종은 경복궁에서의 하루하루가 부담스럽고 불편하기만 했어요. 정종은 어머니 신의 왕후의 제사를 지낸다는 핑계로 개경으로 가서는 돌아오지 않았지요.

그러다 제2차 왕자의 난이 일어났어요. 넷째 형 방간이 이방원의 자리를 욕심낸 것이었지요. 하지만 방간의 세력은 동생 방원보다 약했어요. 승리는 이방원에게로 돌아갔지요. 이방원에게는 이제 아무도 대적할 사람이 없었어요. 이리저리 눈치만 보던 정종은 임금의 자리를 이방원에게 물려주었어요. 그렇게 이방원은 조선의 제3대 임금 태종이 되었답니다.

4 근정문 … 세종의 즉위식이 열린 곳

형제들을 죽이면서 임금이 된 태종은 자신을 이을 임금 후보를 신중하게 결정해야 한다고 생각했어요. 세자로 삼은 큰아들 양녕은 태종의 기대를 저버리는 행동을 많이 했어요. 몰래 궁궐을 빠져나가 사냥을 하거나 술을 먹고 노는 것을 좋아했거든요. 그러자 태종은 비록 셋째 아들이지만 총명한 데다가 학문이 깊고 몸가짐이 바른 충녕에게 왕위를 넘겨주기로 했어요.

충녕은 자신이 한 나라를 이끌기에 부족한 점이 많다고 아뢰었지만 태종의 뜻은 단호했어요. 근정문에서 임금을 상징하는 익선관을 벗어서 세자의 머리 위에 직접 씌워 주었지요.

1418년 8월 10일, 근정문에서 즉위식을 가진 새 임금은 근정전 뜰에서 임금의 친척들과 모든 신하들의 절을 받았어요. 조선 최고의 임금이라고 불리는 조선 제4대 임금 세종이 탄생하는 순간이었지요.

태종이 일찌감치 왕위를 물려준 것은 상왕(자리에서 물러난 임금)이 되어 세종에게 왕 노릇하는 법을 가르치기 위해서였어요. 태종은 나라의 가장 중요한 일인 군사에 관한 일만 직접 챙기고, 다른 일은 세종이 자신과 일일이 의논하여 처리하게 했어요. 이처럼 세종이 왕이 된 뒤 4년은 왕 노릇하는 법을 배우는 견습 기간이었

충녕, 조선 최고의 임금이 되거라.

어요. 이러한 태종의 세심한 배려가 있었기에 세종은 훌륭한 임금이 될 수 있었지요.

근정전으로 들어가려면 궁궐의 남문인 광화문을 지나 흥례문을 거쳐 영제교를 건너야 한다고 했지요? 영제교에서부터는 길이 세 갈래로 나뉘어요. 맨 가운데 조금 높은 길은 임금이, 왼쪽 길은 무신(군사 일을 맡은 관리)이, 오른쪽 길은 문신(정치 일을 맡은 관리)이 지나는 길이지요. 그렇게 영제교를 건너 걸어가면 근정문에 다다라요.

근정문은 임금과 세자, 그리고 중국 사신이 주로 사용했어요. 신하들은 근정문의 옆문을 이용했는데, 왼쪽에 있는 월화문으로는 무신이, 오른쪽에 있는 일화문으로는 문신이 드나들었지요.

근정문
경복궁의 정전인 근정전으로 들어가는 문이에요. 이곳에서 태종은 맏아들이 아닌 셋째 아들 충녕에게 왕위를 물려주었어요. 그가 바로 조선 제4대 임금 세종이지요.

월화문
군사 일을 맡는 관리인 무신이 드나드는 문

일화문
정치 일을 맡는 관리인 문신이 드나드는 문

5 근정전 … 가장 으뜸이 되는 건물

근정전은 경복궁의 건물 중 가장 중요한 곳이에요. 나라의 중요한 행사가 이루어지는 가장 으뜸이 되는 공간이라서 '정전'이라고도 불리지요. 조선 최고의 관리였던 정도전은 이곳의 이름을 '근정전'이라고 지었어요. 이 말에는 부지런하게 일하는 임금의 모습이 드러나요. 정도전은 백성을 생각하는 임금이라면 '아침에는 나랏일을 듣고, 낮에는 어진 이를 찾아보고, 저녁에는 법령을 닦고, 밤에는 몸을 편안하게 해야 한다'고 생각했지요.

근정전은 왕이 신하들과 조회를 할 때, 새로운 왕이 즉위할 때, 세자를 책봉할 때 등 공식적인 행사를 하는 곳이에요. 외국 사신도 근정전 앞마당에서 맞이했어요.

근정전과 근정문에서 열리던 행사를 재현하고 있어요.

근정전 앞에는 넓은 뜰이 있는데, 이곳을 조정이라고 해요. 조정에는 넓적한 돌인 박석이 깔려 있고 벼슬 등급을 표시하는 품계석이 줄지어 늘어서 있어요. 신하들은 행사가 있을 때 품계석에 맞게 서서 임금께 축하 인사를 드렸어요.

품계석 뒤편 박석에는 커다란 쇠고리가 박혀 있어요. 관리들이 조정에 모일 때 햇볕을 가리는 차일을 치기 위한 고리지요. 근정전 앞마당을 모두 그늘로 만들지는 못했고 주로 높은 관리의 자리까지만 가리도록 쇠고리를 설치해 두었어요.

근정전은 위아래 두 단의 월대 위에 웅장하게 서 있어요. 건물은 밖에서 보면 2층이지만 안으로 들어서면 1층임을 알 수 있지요. 월대에는 동서남북을 지키는 청룡, 백호, 주작, 현무와 십이지 동물들이 조각되어 있고, 난간 모서리에는 상서로운 동물인 서수가 친근한 모습으로 지키고 있어요.

월대를 오르는 계단에는 널찍한 돌이 박혀 있는데, 이 돌을 답도라고 해요. 임금은 답도 위를 가마를 타고 올라가지요. 실제로 답도를 밟는 사람은 가마꾼이에요. 근정전 답도에는 왕을 상징하는 봉황 두 마리가 새겨져 있어요.

월대 위에는 드므와 정이 있어요. 둥글고 넓적한 솥 모양의 드므에는 불을 끄는 물이 담겨 있어요. 궁궐 건물이 모두 나무로 지어져서 불이 나면 큰일이었거든요. 불귀신이 드므 속 물에 비친 자신의 얼굴을 보고 험상궂은 생김새에 놀라 도망가라는 의미에서 만들었다고 해요. 향로 모양의 정은 왕의 권위를 상징해요. 정에는 하늘의 기운을 담는다고 알려져 있어요. 근정전에서 중요한 의식이 치러질 때 이곳에 향을 피웠다고 해요.

근정전 안에는 다섯 개의 계단 위에 어탑이 놓여 있어요. 어탑에는 임금

① 월대
월대에는 동서남북을 지키는 청룡, 백호, 주작, 현무와 십이지 동물들이 조각되어 있어요. 난간 모서리에는 상서로운 동물인 서수가 앉아 있어요.

② 답도
계단에 박혀 있는 돌이에요. 왕을 상징하는 봉황 두 마리가 새겨져 있지요. 임금은 답도 위를 가마를 타고 올라갔어요.

쇠고리
박석에는 커다란 쇠고리가 박혀 있어요. 관리들이 조정에 모일 때 차일을 치기 위한 고리지요.

④ 품계석
신하들이 자신의 지위에 맞게 서도록 하는 품계석이 늘어서 있어요.

③ 조정
근정전 앞의 넓은 뜰을 말해요. 바닥에 깔린 돌들은 박석이라고 해요.

경복궁 근정전을 하나하나 자세히 들여다볼까요?

드므
둥글고 넓적한 솥 모양에 불을 끄는 물이 담겨 있어요. 나무로 지어진 궁궐 건물에 불이 날 때를 대비한 것이에요.

⑤ 정
정은 하늘의 기운을 담는 그릇이에요. 중요한 의식을 치를 때 향을 피웠다고 하지요.

어좌와 일월오봉병
임금의 자리인 어좌 뒤에 놓여 있는 병풍 일월오봉병에는 임금과 왕비를 상징하는 해와 달, 왕이 다스리는 모든 땅을 의미하는 다섯 봉우리가 새겨져 있어요.

근정전 천장
황금색 용이 두 마리 새겨져 있어요. 발톱이 7개여서 칠조룡이라고 불러요. 발톱이 많은 것은 임금의 권위를 상징해요.

 이 앉는 어좌가 있고 그 뒤로 일월오봉병이라는 병풍이 둘러쳐져 있지요. 일월오봉병에는 임금과 왕비를 상징하는 해와 달, 왕이 다스리는 모든 땅을 의미하는 다섯 봉우리가 그려져 있어요. 다섯 봉우리는 맨 가운데 삼각산(북한산)을 비롯해 백두산, 금강산, 묘향산, 지리산이에요. 소나무는 충성스런 신하를, 물은 백성을 의미하지요.
 근정전 천장에는 두 마리 황금색 용이 있어요. 발톱이 7개여서 칠조룡이라고 불러요. 용은 임금을 나타내는 상서로운 동물이지요. 발톱이 7개인 것은 그만큼 임금의 권위가 크다는 것을 상징해요.

6 수정전 ⋯▶ 집현전으로 쓰인 건물

경복궁은 세종 대에 이르러 법궁으로서의 면모를 제대로 드러내기 시작했어요. 조선 제4대 임금인 세종에서부터 문종, 단종은 경복궁에서 자주 머물렀지요. 이때에 이르러 전각(궁궐 건물)도 새로 많이 지었어요.

그중 수정전은 세종 때 집현전으로 쓰였던 곳이에요. 집현전은 궁궐 안의 학문 연구 기관이었어요. 세종은 나라를 운영하는 데에 필요한 인재들을 이곳에 모아 학문을 닦게 하고 책을 쓰도록 했어요.

1420년 3월에 처음 문을 연 집현전에는 박은, 변계량 같은 젊고 재주 있는 관리 10여 명이 모여 일했어요. 집현전 학자들은 유교 경전은 물론 옛날 역사책을 두루 공부했어요. 그리하며 임금이 올바른 정치를 할 수 있도록 돕고, 왕세자에게는 공부를 가르쳤지요. 나라에 필요한 외교 문서를

수정전
세종 때 집현전으로 쓰였던 곳이에요. 집현전은 궁궐 안의 학문 연구 기관이었지요.

작성하거나 중국과 우리나라의 옛 제도를 연구하여 조선에 필요한 법과 제도를 만들기도 했고요.

이곳에서 일한 대표적인 학자들이 정인지, 성삼문, 신숙주, 박팽년이에요. 이들은 세종과 함께 훌륭한 법과 제도를 만들어 조선이 발전하는 데 큰 도움이 되었어요.

집현전은 궐내각사에 속해요. 궐내각사는 궁궐 안에 있던 조선의 관청을 통틀어 말하지요. 왕의 비서들이 모인 승정원, 왕의 약을 만들던 내의원, 궁궐의 문서를 관리하던 홍문관 등이 있는데, 지금 이 건물들은 모두 사라지고 집현전으로 쓰이던 수정전만이 남아 있어요. 지금 수정전이 있는 곳 왼쪽 잔디밭이 당시 궐내각사가 자리했던 곳이래요.

궁궐 밖에 있던 관청은 6조라고 했어요. 광화문 밖 육조 거리, 오늘날 세종문화회관이 있는 세종로 거리에 있었지요.

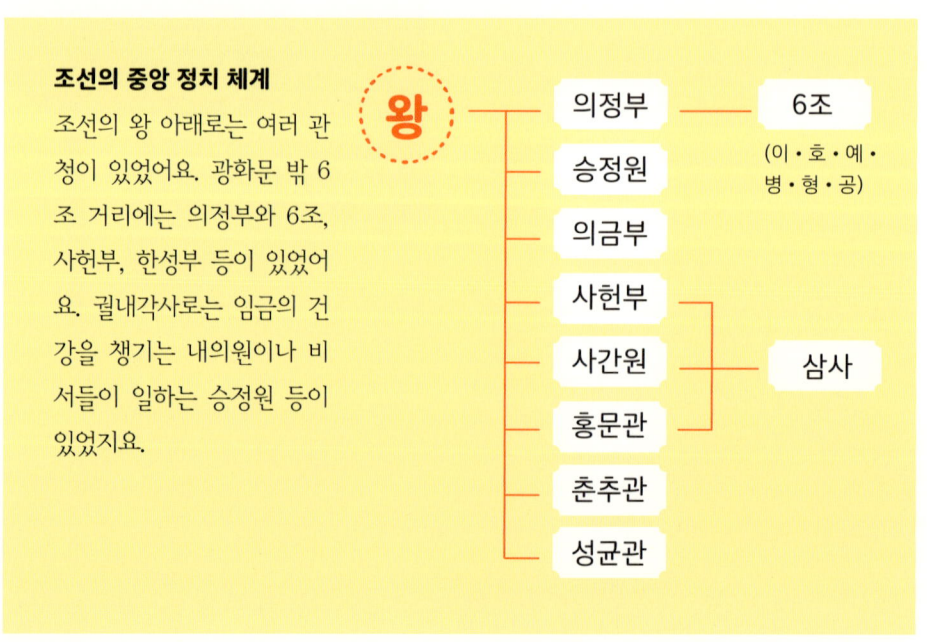

조선의 중앙 정치 체계

조선의 왕 아래로는 여러 관청이 있었어요. 광화문 밖 6조 거리에는 의정부와 6조, 사헌부, 한성부 등이 있었어요. 궐내각사로는 임금의 건강을 챙기는 내의원이나 비서들이 일하는 승정원 등이 있었지요.

7 자선당과 비현각 … 세자가 머무는 동궁전

세종은 큰형인 양녕을 제치고 왕이 되었다고 했지요? 그래서 세자의 자리를 결정하는 것이 얼마나 중요한지를 잘 알고 있었어요. 이에 세종 역시 일찌감치 8살 난 큰아들 향을 왕세자로 책봉했어요.

왕세자가 지내던 건물을 '동궁'이라고 해요. 왕세자는 왕이 죽으면 왕위를 이을 사람이기 때문에 떠오르는 해에 비유했어요. 그래서 해가 뜨는 동쪽에 세자가 생활하는 건물을 짓고 동궁이라고 이름 붙였지요. 또 동궁전이 이곳에 자리 잡은 이유는 왕의 정치가 어떻게 이루어지는지 보고 배우라는 뜻이기도 했어요.

동궁은 세자와 세자빈이 생활하는 공간인 자선당과 세자가 스승을 모시고 학문을 연마하는 비현각으로 크게 나누어져요. 또 세자의 교육을 담당

자선당 | 세자와 세자빈이 생활하던 곳이에요.

비현각 | 세자가 스승을 모시고 학문을 배우는 곳이에요.

하는 세자시강원과 경호를 맡는 세자익위사 등도 있었지요.

세종을 이은 조선 제5대 임금 문종은 자선당이 지어진 때부터 1450년 2월 즉위하기 전까지 20여 년 간 이곳에 머물렀어요.

문종은 유학뿐만 아니라 여러 학문에 두루 밝았어요. 또 병법(군사를 지휘하고 전쟁하는 방법)을 잘 알고 군사 문제에 관심이 많았어요. 눈병, 당뇨병 등 병치레를 자주 했던 세종을 대신해 문종이 나랏일을 보기도 했지요. 그러다 1445년부터는 문종이 직접 나라를 다스리게 되었어요. 1450년 37살에 드디어 왕위에 오른 문종은 이전 경험을 바탕으로 능숙하게 나랏일을 처리했답니다.

그러나 문종 역시 세자 시절부터 건강이 좋지 않았어요. 게다가 아버지인 세종의 장례를 지내면서 제대로 먹지 않아 더욱 쇠약해졌어요. 살날이 얼마 남지 않았음을 알아차린 문종은 믿음직한 신하인 황보인과 김종서를 내전으로 불러 어린 세자를 잘 보살펴 달라고 당부했어요. 왕위에 오른 지

2년 4개월 만에 그렇게 문종이 세상을 떠나자 12살 어린 단종이 왕위를 이었어요. 하지만 당시 왕실에는 단종을 옆에서 도와줄 어른이 없었어요. 할머니도 어머니도 일찍 돌아가셨거든요.

자연스레 나랏일은 의정부의 삼정승이 맡아서 처리했어요. 그중에서도 영의정 황보인과 우의정 김종서가 주로 단종을 보필했지요. 그러나 단종의 삼촌인 수양 대군(세종의 둘째 아들)은 대신들이 정치를 맡아 하는 게 몹시 못마땅했어요. 결국 수양 대군은 김종서와 황보인을 죽이고 스스로 조선의 제7대 임금이 되었지요.

🎱 사정전 ···▶ 임금의 집무실

근정전 뒤쪽에 있는 사정문으로 들어가면 임금의 집무실인 사정전이 있어요. 사정전이라는 말에는 '정사를 펼칠 때 많이 생각하라'는 뜻이 담겨 있어요. 사정전을 바라보고 왼쪽에는 천추

사정전
임금의 집무실이에요. 사정전을 바라보고 왼쪽에는 천추전이, 오른쪽에는 만춘전이 있는데, 옛날에는 모두 복도로 연결되어 있어서 임금이 버선발로 왔다 갔다 할 수가 있었어요.

전이, 오른쪽에는 만춘전이 있어요. 지금은 세 건물이 떨어져 있지만, 옛날에는 모두 복도로 연결되어 있어서 임금이 버선발로 왔다 갔다 할 수가 있었어요. 사정전에는 온돌이 없어서 겨울에는 천추전이나 만춘전에서 주로 업무를 보았대요.

1456년 사정전 앞마당에서 세조는 사육신에게 죄를 물었어요. 사육신은 여섯 명의 신하를 말하는데, 이들은 세조가 조카인 단종의 왕위를 빼앗았다며 세조를 죽이고 단종을 다시 임금으로 삼아야 한다고 생각했어요. 그러고는 단종의 왕위를 되찾기 위한 계획을 몰래 꾸몄지요.

세조가 왕위에 오르자 이를 축하하려고 명나라에서 사신이 왔을 때였어요. 세조는 축하연을 성대하게 벌이기로 했지요. 단종의 편에 섰던 신하들은 바로 이때를 틈타 세조를 죽이기로 결정했어요. 그러나 여기 참여했던 김질이라는 사람이 계획을 밖으로 털어놓는 바람에 실패로 끝나고 말았어요. 단종의 편에 섰던 신하들은 심하게 고문을 받고 죽임을 당하거나 유배를 떠났어요. 그중 목숨을 잃은 성삼문, 이개, 하위지, 박팽년, 유응부, 유성원 등 여섯 명을 사육신이라고 불러요.

이 일로 불안해진 세조는 단종마저 머나먼 강원도 영월 땅으로 유배를 보냈어요. 그러나 계속해서 단종의 편에 서는 신하들이 나타나자 급기야는 단종에게 사약을 내리고 말았어요. 단종에게 다시 왕위를 찾아 주기 위해 죽은 사육신은 의리와 절개를 지킨 사람들로 추앙받았지만, 조카를 왕위에서 쫓아내는 것도 모자라 죽이기까지 한 세조는 조선 왕조 내내 거센 비난을 받았답니다.

9 강녕전 ⋯→ 임금의 침전

사정전 뒤로 돌아가 향오문을 지나면 강녕전이 나와요. 향오는 '오복을 향한다'는 뜻이에요. 오복은 장수, 부귀, 강녕, 유호덕(덕을 베풂), 고종명(편안한 죽음)을 말해요. 옛날 사람들은 이 중 가운데 있는 강녕을 선택하면 오복을 다 받을 수 있다고 생각했지요.

강녕전이라는 이름은 이처럼 '몸이 편안하고 마음이 건강하다'는 뜻을 갖고 있어요. 그래서 임금이 하루 일과를 마치고 휴식을 취하고 주무시는 전각을 '강녕전'이라 했어요. 강녕전에서 임금은 가족이나 친척들을 불러 연회를 베풀기도 하고, 신하들과 조용히 나랏일을 의논하기도 했지요.

강녕전도 부속 건물을 거느리고 있어요. 예전에는 경성전, 연생전, 응지당, 연길당이 모두 복도로 연결되어 있었답니다. 하지만 지금은 모두 따로 떨어져 있지요. 강녕전은 중앙의 마루를 사이에 두고 왼쪽과 오른쪽에 각각 9개의 방이 있어요. 9개의 방은 우물 정(井) 모양을 이루는데, 모두 벽이 없이 문으로 구분되지요. 임금이 주무시는 동안 주변 방에서는 지밀상궁이 지키고 있었어요. 나라를 이끄는 임금은 잠잘 때조차도 신하들의 보호를 받았답니다.

1469년에 강녕전에서는 정희 대비가 예종의 뒤를 이어 성종을 임금으로 삼는 중대한 결정을 했어요. 정희 대비는 세조의 왕비인데, 두 아들이 젊은

강녕전
임금이 하루 일과를 마치고 휴식을 취하고 주무시는 곳이었어요. 강녕전이라는 이름은 몸이 편안하고 마음이 건강하다는 뜻을 갖고 있지요.

나이에 죽는 큰 불행을 겪었어요. 맏아들 의경세자는 일찍 죽고, 둘째 아들이 세조의 뒤를 이어 조선 제8대 임금이 되었어요. 하지만 예종도 즉위한 지 불과 14개월 만에 19세의 젊은 나이로 역시 세상을 떠났어요. 다섯 살 젖먹이 원자(세자에 책봉되지 않은 임금의 맏아들)를 남겨 두고 말이에요.

하지만 정희 대비는 아들의 죽음을 마냥 슬퍼하고 있을 수만은 없었지요. 원자는 이제 겨우 다섯 살이니, 다음 왕위를 누가 이을 것인지를 당장 정해야만 했거든요.

결국 이곳에서 정희 대비와 대신들은 자을산군을 왕으로 정했어요. 바로 조선의 제9대 임금 성종이에요. 성종은 세조와 정희 대비의 큰아들이었던 의경 세자의 둘째 아들이지요.

임금의 나이가 어리니 할머니 정희 대비가 수렴청정을 했어요. 수렴청정은 국왕의 나이가 어릴 경우에 어머니나 할머니 등 왕실의 어른이 발을 드리우고 나랏일을 대신 처리하는 것을 말해요. 대비와 대신들이 나랏일을 보는 동안, 성종은 『논어』와 『소학』을 공부하며 국왕 수업을 성실히 해 나갔어요. 그리하기를 7년, 마침내 성종은 수렴청정에서 벗어날 수 있었어요. 7년 동안 갈고 닦은 학문과 노력으로 성종은 훌륭한 임금이 되었고 여러 업적을 남겼답니다.

10 교태전 ⋯ 구중궁궐에 있는 왕비의 침전

강녕전에서 뒤쪽으로 난 양의문을 지나면 교태전 영역으로 들어서게 돼요. 교태전은 왕비가 생활하는 공간이에요. 왕비가 지내는 곳은 궁궐의 정 가운데에 있다고 해서 '중궁전'이라고도 해요. 그리고 이곳의 주인인 왕비를 중전 마마라고 하지요.

교태전도 강녕전과 같이 왼쪽에 9개 오른쪽에 9개의 방이 있어요. 평소에 왕비는 왼쪽에서 생활하다가 임금이 오시는 날에는 오른쪽 방을 사용했다고 해요.

교태전
왕비가 생활하는 공간이에요. 왕비가 지내는 곳은 궁궐의 정 가운데에 있다고 해서 중궁전이라고도 해요.

　　교태전의 동쪽 문인 만통문을 나서면 넓은 뜰이 나와요. 여기서 담을 따라 뒤쪽으로 가서 연휘문으로 들어서면 아름다운 후원을 만날 수 있어요. 이 후원은 중전을 위한 공간인 '아미산'이에요. 궁궐 밖으로 나들이를 쉽게 할 수 없었던 왕비를 위해 정원을 아름답게 꾸며 두었지요. 아미산은 경회루를 팔 때 나온 흙을 가져다 만든 인공 산이에요.

　　아미산에는 네 층으로 된 꽃 계단이 있어요. 계단에는 신비하게 생긴 돌과 모란, 진달래, 해당화, 소나무 등이 잘 어우러져 있고, 교태전과 연결된 육각형의 굴뚝이 4개 있어요. 굴뚝 벽에는 당초무늬, 학, 박쥐, 봉황, 나티, 소나무, 매화, 대나무, 국화, 불로초, 바위, 새, 사슴, 나비, 해태, 불가사리 등의 무늬가 아름답게 배치되어 있어요. 이 무늬들은 벽돌을

예쁜 무늬를 새겨 넣은 아미산의 굴뚝은 교태전 굴뚝과 연결되어 있어요. 모양이 아름다워 보물 제811호로 지정되었어요.

구워 모양을 만들고 그 사이에 회를 발라 마무리한 것이에요.

아미산에는 연못도 세 개나 있어요. 돌함에 물을 담아 놓고 연못이라 이름 붙였지요. 함월지는 달을 머금은 호수, 낙하담은 노을이 지는 연못, 가장 아랫단에 있는 석지는 항아(달나라의 선녀)가 사는 월궁을 상징해요. 항아는 달에 살아서인지 달의 정령이라 하는 두꺼비가 석지에 새겨져 있어요.

아미산 오른쪽에 교태전과 연결된 건물이 건순각이에요. 건순은 강건과 유순을 합한 말이에요. 왕비가 출산할 때가 되면 이곳에 산실청을 마련해 놓고 건강하고 유순한 왕자와 공주가 태어나기를 기원했지요. 그래서 건물 이름도 건순각이에요. 이곳에서 왕자가 태어나면 온 나라가 크게 기뻐했어요. 임금은 아들이 태어났음을 종묘에 알리고 신하들의 축하를 받았어요. 또 이때는 죄인을 풀어 주기도 했답니다.

건순각 | 마주 보이는 건물로, 왕의 아들딸이 태어날 때 쓰인 건물이에요.

11 경회루 ⋯▶ 연회를 베푸는 장소

강녕전 서쪽, 수정전 뒤쪽에는 경사스러운 연회를 베푸는 장소인 경회루가 있어요. 왕과 왕실 가족이 휴식을 취하는 공간인 경회루는 인공 연못 속에 세워진 누각이에요. 경회루는 중국 사신이 왔을 때 연회를 베풀 마땅한 장소가 없어서 고민하던 태종이 1412년 지은 건물이에요. 우리나라 누각 중에서 규모가 가장 크고 웅대하지요.

경회루의 기둥은 모두 48개인데, 바깥쪽 기둥은 사각으로 되어 있고, 안쪽 기둥은 원으로 되어 있어요. 하늘은 둥글고 땅은 네모나다고 생각한 옛사람의 우주관이 담겨 있지요.

경회루의 지붕에는 11개의 잡상이 있는데, 조선의 궁궐 전각 중 가장 많

경회루
인공 연못 속에 세워진 누각으로, 왕과 가족들이 쉬거나 사신이 왔을 때 연회를 베푸는 장소였어요.

우리나라 누각 중 가장 크고 웅대해!

은 수예요. 잡상이 많으면 보통 건물의 품격이 높다고 여겨져요. 잡상은 기와지붕의 추녀마루 위에 놓이는 토우예요. 잡상은 전각을 나쁜 기운으로부터 지켜 주는 역할을 해요. 잡상은 보통 『서유기』에 등장하는 삼장 법사, 손오공, 사오정, 저팔계 등이거나 토신의 모양을 빚어 만들었지요.

경회루를 가장 자주 이용한 임금은 세종이었어요. 이곳에서 사신을 맞이했을 뿐만 아니라 종친과 신하들을 위한 연회도 자주 베풀었어요. 가뭄이 들 때는 이곳에서 기우제를 지냈고, 무과 시험도 치렀다고 해요.

하지만 세종의 손자 단종은 이곳에서 삼촌인 수양 대군에게 임금의 옥새(나라를 대표하는 도장)를 넘겨주어야만 했어요. 수양 대군은 단종을 내쫓고 조선의 제7대 임금 세조가 되었지요.

한편 세조의 증손자인 연산군에게 경회루는 쾌락의 공간이었어요. 연산군은 성종의 큰아들로, 성종이 죽자 조선의 제10대 임금이 되었어요. 7세 때 세자로 책봉된 이래 12년 동안 충분히 제왕 수업을 거친 연산군은 준비된 임금이었어요. 19세로 즉위한 연산군은 처음에는 가난한 백성을 돌보고 국방에도 신경을 많이 썼어요.

그러나 연산군은 강력한 왕권을 자유롭게 누리길 원했지요. 연산군은 임금이 하는 일에 삼사(임금의 정치를 비판하는 기관인 사헌부, 사간원, 홍문관)의 신하들이 사사건건 간섭을 한다며 사림파(성종 때 정계에 나온 새로운 정치 세력)를 크게 벌주었어요.

그 뒤 조정은 임금과 훈구파(세조가 왕위에 오르는데 공을 세운 정치 세력)의 독무대가 되었어요. 연산군은 마음껏 권력을 휘둘렀고, 나중에는 자신의 욕심을 채우기에만 몰두했어요.

연산군은 연꽃이 만발한 경회루 연못 서쪽에 만세산이라는 인공 섬을 쌓고 이곳에서 춤과 노래를 자주 즐겼어요. 이런 연산군의 행동에서 재물을 마구 써 버린다는 말인 '흥청망청'이 유래했답니다.

지나친 사치로 나라 곳간이 비자 연산군은 공물(세금으로 내는 특산물)을 늘리고, 신하들이 가진 노비와 땅까지 빼앗으려고 했어요. 여기에 훈구파 신하들마저 반발하자 다시 신하들을 혼내 주기로 했지요. 연산군은 아버지였던 성종이 자신의 어머니인 윤 씨를 쫓아낸 일을 빌미로 삼아 이 일에 관련되었던 신하들을 모조리 찾아 죄를 물었어요.

이 일로 훈구파와 사림파 신하들 모두 큰 피해를 입었어요. 이제 연산군의 방탕한 생활을 막을 수는 없는 듯 보였어요.

그러나 연산군은 재위 12년째 되던 1506년 9월 1일, 박원종과 성희안 등의 신하들에게 내쫓겨 강화도로 유배되었지요. 그리고 연산군의 이복동생인 진성 대군이 조선의 제11대 임금 중종이 되었답니다.

경복궁은 조선 제13대 명종 임금 때 불행한 일을 당하고 말았어요. 1553년 궁궐 안에 불이 나서 임금의 집무실인 사정전, 임금의 침전인 강녕전과 그 옆의 건물 흠경각이 모두 불탔지요.
물론 그다음 해인 1554년에 모든 건물이 수리되었지만, 40년이 지난 1592년에 일본군이 도읍 한양까지 쳐들어와 다시 경복궁은 위기를 맞게 되었어요.

임진왜란으로 위기를 맞은 경복궁

1592년 4월 13일, 부산 앞바다에 배 700여 척이 새까맣게 몰려들었어요. 일본이 전쟁을 일으킬 징조가 있었지만 조선의 임금과 대신들은 설마 일본이 쳐들어오겠냐며 방심하고 있었어요. 700여 척 배를 타고 온 일본 군사들은 육지로 올라와 부산진과 동래부를 삽시간에 손에 넣었어요. 7년 간의 기나긴 전쟁인 임진왜란이 시작된 거예요.

신립 장군이 이끄는 조선의 관군이 충주 탄금대에서 일본군을 막으려 애썼으나 역부족이었어요. 일본군은 거침없이 북쪽으로 올라와 5월 3일에는 조선의 도읍 한양까지 들어왔어요.

전쟁으로 경복궁과 창덕궁, 창경궁까지, 조선의 세 궁궐이 모두 불에 타 버렸어요. 전쟁이 끝난 뒤에도 한참 동안 경복궁은 다시 지어지지 못했지요. 조선 제14대 임금 선조는 경복궁을 다시 짓기 위해 목재를 모았으나 그보다 먼저 창덕궁을 손보았어요. 경복궁 터가 좋지 않다고 생각했거든요. 뒤를 이은 임금들도 경복궁을 다시 짓지는 못했어요. 완전히 불에 탔거든요.

임진왜란 뒤 버려져 있던 경복궁은 조선 제26대 임금 고종이 즉위하면서 다시 살아날 수 있었어요. 경복궁에 애착을 보인 것은 실은 고종의 아버지인 흥선 대원군이에요. 어린 나이에 임금이 된 고종을 대신해서 10여 년간 나랏일을 보았는데, 그동안 경복궁을 다시 세우기 위해 여러 노력을 기울였지요. 흥선 대원군은 경복궁을 다시 세우는 것이 왕실의 권위를 회복하고, 나라의 체통을 바로 잡는 일이라고 생각했거든요.

1868년 7월 드디어 경복궁은 제 모습을 갖추었어요. 조선 초기 태조가 경복궁을 지을 당시는 전각이 390여 칸에 불과했으나 재건된 경복궁은 그 20배인 7천 여 칸이나 되었답니다.

12 자경전과 향원전 … 경복궁에서 가장 아름다운 곳

흥선 대원군은 경복궁을 중건하면서 신정 왕후를 위해 대비전인 자경전을 지었어요. 흥선 대원군의 아들 명복(고종)을 조선의 제26대 임금으로 삼은 사람이 바로 신정 왕후였거든요. 조선 제25대 임금 철종은 뒤를 이을 아들이 없이 세상을 떠났어요. 당시는 왕의 가까운 친척이었던 안동 김 씨가 나라의 정치를 좌지우지하고 있었지요. 그러자 왕실의 최고 어른이었던 신정 왕후는 자기 집안 이익만 채우는 안동 김 씨 세력을 누르고자 흥

자경전
흥선 대원군이 임진왜란 때 불에 탄 경복궁을 중건하면서 대비 신정 왕후를 위해 지은 건물이에요.

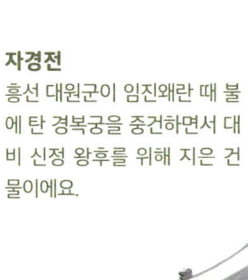

선군의 둘째 아들 명복을 다음 왕으로 지명하게 된 거예요.

자경전이 완성된 뒤 신정 왕후는 이곳에서 살다가 1890년 83세에 세상을 떠났어요. 자경은 '왕실 어른에게 경사가 있기를 바란다'는 뜻이에요. 자경이란 이름은 원래 정조가 어머니 혜경궁 홍 씨를 위해 창경궁에 자경당을 지은 데서 나온 것이랍니다.

경복궁 자경전은 5대 궁궐 중 유일하게 남아 있는 대비전이에요. 자경전은 예쁜 꽃담으로 둘러싸여 있어요. 꽃담은 벽돌로 기하학적인 무늬를 만들고, 가운데 하얀 삼합토를 바른 다음 매화, 천도, 모란, 국화, 석류, 대나

자경전 꽃담

자경전 십장생 굴뚝
오래 산다는 열 가지 생물,
십장생이 아름답게 새겨져 있어요.

무를 아름답게 돌을새김해 두었지요.

　자경전 뒤뜰로 돌아가면 큰 굴뚝이 있는데, 굴뚝 위에는 연기 구멍 10개가 나란히 있어요. 십장생이 새겨진 이 굴뚝은 보물 제810호로 지정되었을 만큼 아름다워요. 십장생은 아주 오래 산다는 열 가지 생물을 뜻해요. 구름, 해, 산, 한 쌍의 학, 국화와 소나무, 그 아래 뛰노는 사슴, 불로초, 거북 한 쌍, 철썩거리는 파도가 거기 속하지요. 십장생에는 대비 마마가 건강하기를 바라는 마음이 담겨 있어요.

　자경전에서 위쪽으로 난 꽃길을 걸어가면 눈앞에 향원정이 보여요. 향원정은 연못 가운데 인공 섬에 세워진 정자예요. 1층은 온돌방, 2층은 마루방으로 되어 있어서 겨울에도 이용할 수 있었지요.

향원정이라는 이름은 향기가 멀리까지 간다는 뜻이에요. 향원정까지는 취향교로 연결되어 있는데, 취향은 향기에 취한다는 뜻이지요. 취향교는 원래 북쪽에 있는 건청궁 쪽으로 놓여 있었어요. 이 다리를 오가며 고종과 명성 황후는 즐거운 한때를 보냈다고 해요.

그러나 6·25 전쟁 때 이 다리가 불에 타 버렸어요. 1953년 다시 다리를 놓을 때는 남쪽으로 연결하여 지금의 모습이 되었지요. 경회루가 웅장하고 굳센 힘이 느껴지는 정자라면, 향원정은 아담하고 아기자기한 분위기가 물씬 풍기는 정자예요. 향원정이 있는 곳은 경복궁에서도 가장 아름다운 경치를 자랑한답니다.

향원정
인공 섬에 세워진 정자로 경복궁에서
가장 아름다운 경치를 자랑해요.

13 건청궁 ⋯ 명성 황후의 비극이 서려 있는 곳

향원정 북쪽에는 건청궁이 있어요. 고종이 1873년 나랏돈이 아닌 왕의 개인 돈을 들여 지은 궁이지요. 이해에 고종은 더 이상 아버지에게 정치를 맡기지 않고 직접 나라를 다스리기로 했어요. 그러니 건청궁은 고종이 흥선 대원군의 그늘에서 벗어나 정치적으로 독립하려는 의지를 드러낸 건물로도 볼 수 있어요.

그러나 『고종실록』에는 흥선 대원군이 어진(왕의 초상화)을 모시기 위해 지은 건물이라고 기록되어 있어요. 실제로 1875년에 수정전에 모셔져 있던 어진과 어책을 건청궁으로 옮기기도 했지요.

건청궁은 전이나 각이 아닌 궁이에요. 다시 말에 경복궁 안에 있는 또 다른 궁궐인 셈이에요. 건청궁은 화려한 단청을 하지 않은 소박한 건물로 마치 사대부의 집 같은 분위기예요. 고종은 1885년 이곳으로 거처를 옮긴 뒤 일본의 위협에 쫓겨 러시아 공사관으로 피신할 때까지 여기에 머물렀어요.

고종이 건청궁에 머물 때 조선은 안팎으로 무척 힘든 시기였어요. 러시

건청궁
고종이 흥선 대원군의 그늘에서 벗어나 정치적으로 독립하려는 의지를 드러낸 건물이에요. 명성 황후가 일본에 죽임을 당한 슬픈 역사가 깃들어 있기도 하지요.

아, 청나라, 일본 등 열강들은 조선의 이권을 차지하려고 힘겨루기를 했어요. 나라 안에는 탐관오리들이 들끓었고, 견디다 못한 농민들이 전국에서 들불처럼 일어났어요. 그러다가 1894년 '동학 농민 운동'이 일어났지요.

그러나 조선은 자기 백성들을 진정시킬 힘조차 없었어요. 조선 정부는 청나라에 군대를 요청했고, 일본도 이 기회를 노려 조선에 군대를 보내왔어요. 동학 농민 운동이 진정되고 난 뒤에도 일본과 청나라, 두 나라 군대는 물러가지 않은 채 조선 땅에서 전쟁을 벌였어요. 이 전쟁을 '청일 전쟁'이라고 해요. 전쟁은 일본의 승리로 끝났고, 일본은 조선에 더 강한 영향력을 행사했어요.

이를 참지 못한 동학 농민군은 일본군을 몰아내기 위해 다시 일어났어요. 하지만 일본군의 총칼에 수많은 농민군이 처참하게 죽임을 당했어요. 일본의 간섭은 더욱 거세졌고, 고종과 명성 황후는 결국 일본 세력을 막기 위해 러시아의 힘을 빌리고자 했답니다.

일본은 러시아와 친하게 지내는 명성 황후가 눈엣가시였어요. 일본은 명성 황후를 죽이기 위한 작전을 짜고, 이 작전을 여우 사냥이라고 불렀어요. 마침내 1895년 8월 20일 새벽, 칼잡이와 폭도들이 경복궁 건청궁으로 쳐들어왔어요. 이들은 명성 황후를 찾아 이 방 저 방을 마구 뒤지고 다녔지요. 명성 황후는 궁녀의 옷으로 갈아입고 병풍 뒤에 숨었지만, 이내 발각되어 끌려 나와서는 잔인하게 죽임을 당하고 말았어요. 죽은 명성 황후는 홑이불에 싸인 채 산에 버려서 불태워졌어요. 이 사건을 '을미사변'이라고 해요.

명성 황후가 죽임을 당한 뒤 고종은 불안에 떨었어요. 음식에 독이 들었을까봐 마음 놓고 먹지도 못했지요. 고종은 명성 황후의 장례식도 치르지

경복궁 건청궁

아관 파천
명성 황후가 건청궁에서 일본에게 죽임을 당하자 위협을 느낀 고종은 러시아 공사관으로 몸을 피했어요.

러시아 공사관

경운궁

대한 제국
고종은 1년여 만에 경운궁으로 돌아온 뒤 나라 이름을 대한 제국으로 바꾸고 독립국임을 세계에 알렸어요.

못한 채 이듬해 2월, 궁녀의 가마를 타고 경복궁 영추문으로 몰래 빠져나가 러시아 공사관으로 갔어요. 이 일을 '아관 파천'이라고 해요.

  1년 가까이 러시아 공사관에 머물던 고종은 1897년 2월 20일 경운궁(덕수궁)으로 돌아갔어요. 경운궁은 경복궁보다 외국 공관과 가깝고 규모가 크지 않아 경비하기가 쉬웠거든요. 하지만 이로써 경복궁은 다시는 조선의

러시아 공사관 | 고종 임금이 일본을 피해 머물렀던 곳이에요. 건물은 6·25 전쟁 때 대부분 파괴되고, 지금은 지하층과 탑옥 부분만 남아 있어요.

제1 법궁으로서의 지위를 가지지 못하게 되었지요.

 일본이 조선을 다스리던 일제 강점기, 경복궁의 전각들은 많이 헐려 나갔어요. 뿐만 아니라 광화문 안쪽으로 하얀색 조선 총독부 건물이 세워져 조선인의 가슴을 아프게 했지요. 조선 총독부는 일본이 식민지인 조선의 백성을 다스리기 위해 만든 관청이었어요.

 1945년 해방을 맞이한 뒤 대한민국 정부는 조선의 상징인 경복궁을 복원하기 위해 많은 노력을 기울였어요. 1995년 조선총독부 건물이 철거된 뒤 경복궁 복원 사업은 더욱 순조롭게 진행되었어요. 강녕전과 자선당, 건청궁이 본래 모습을 되찾았고, 흥례문 영역도 복원이 되었어요. 지금도 옛 모습을 찾기 위해 복원이 계속되고 있는 경복궁은 우리가 기억하고 보존해야 할 우리의 소중한 문화유산이랍니다.

3장

많은 임금들이 사랑한 궁궐, 창덕궁

조선의 많은 왕들이 특별히 좋아했다는 창덕궁이에요. 창덕궁과 그 역사 속으로 들어가 볼까요?

멍멍!

경복궁은 조선의 법궁이었어요. 법궁은 임금이 공식적으로 나랏일을 보고 생활하는 궁궐을 말한다고 했지요? 이번 장에서 살펴볼 창덕궁은 이궁이라고 불려요. 이궁은 공식 궁궐인 법궁을 사용하지 못하게 되었을 때를 대비해서 지은 궁궐이랍니다.

조선의 왕들 중에서는 경복궁보다 창덕궁을 더 좋아한 왕들이 많았대요. 그 아름다움과 역사적 가치로 오늘날 유네스코 세계 유산으로도 지정된 창덕궁에 대해 자세히 알아봐요.

창덕궁을 좋아한 조선의 왕들

창덕궁은 경복궁을 이은 조선의 두 번째 궁궐로, 1405년에 완성되었지요. 조선 제3대 왕 태종은 원래 개경의 수창궁에서 왕위에 올랐어요. 태종은 한양보다는 개경에서 나라를 다스리기를 바랐지요. 하지만 그 뒤 개경에는 홍수와 가뭄이 여러 번 들었어요.

정승 조준은 태종에게 한양으로 돌아가는 것이 좋겠다고 말했어요. 그러나 태종은 여전히 한양으로 돌아가고 싶은 마음이 들지 않았어요. 고민하던 태종은 1404년 10월 6일 새벽, 신하들을 거느리고 종묘로 나아가며 이렇게 말했어요.

"내가 송도(개경)에 있을 때 여러 번 홍수와 가뭄이 들어 의견을 물었더니, 정승 조준을 비롯한 여러 사람들이 신도(한양)로 돌아가는 것이 마땅하다고 말하였다. 그러나 신도에서도 나쁜 일이 많았으므로, 도읍을 정하지 못하여 민심이 안정되지 못하였다. 이제 종묘에 들어가 송도와 신도와 무악을 고하고, 그 길흉을 점쳐 길한 데 따라 도읍을 정하겠다."

_『태종실록』

한양은 2길 1흉, 개경과 무악은 모두 2흉 1길이네! 도읍은 한양으로 정해야겠다.

태종은 종묘에 들어가 동전 세 개를 던져 점을 쳤어요. 한양은 2길 1흉이었고, 개경과 무악은 모두 2흉 1길이었어요. 태종은 종묘에서 나온 뒤 다시 한양을 도읍으로 정하고, 향교동 동쪽 가에 새로운 궁궐을 지으라고 명령했답니다.

1405년 10월, 중요한 건물들이 다 완성되자 태종은 이곳을 창덕궁이라고 이름 지었어요. 그다음에도 출입문과 누각 등을 계속 지어 나가다가 1412년 돈화문까지 세워지면서 궁궐의 면모가 모두 갖춰졌지요.

이때부터 조선 임금들은 경복궁을 법궁으로 삼고, 창덕궁을 이궁으로 삼았어요. 창덕궁은 비록 이궁이었지만 조선 임금들에게 가장 사랑받은 궁궐

산비탈에 세워진 창덕궁은 자연과 아름답게 조화를 이루고 있어요.

이에요. 국왕 즉위식이나 세자 책봉식, 사신 접대 같은 중요한 행사는 경복궁에서 치렀지만 나머지 시간에 왕들은 주로 창덕궁에서 지냈거든요. 태종이 왕위에 오르기 전, 임금의 자리를 두고 왕자들의 싸움(왕자의 난)이 있은 뒤로 경복궁은 터가 좋지 않다는 소문이 돌았어요. 이 일로 왕들은 창덕궁을 더 좋아했어요. 주변의 자연과 아름답게 조화를 이루는 궁궐 모습을 좋아하기도 했고요.

창덕궁은 경복궁 뒤에 있는 백악산(북악산) 자락에 있는 매봉(응봉)을 뒤로 두고 세워졌어요. 산비탈에 세워진 창덕궁은 궁궐 배치가 동서쪽으로 뻗어 나가 있어요. 자연을 깎지 않고 그대로 이용해서 지었기 때문이지요. 때문에 건물들도 숲과 산자락에 가려져 쉽게 드러나지 않아요. 왕과 왕비들은 사생활을 보호받을 수 있는 이곳을 즐겨 이용했지요. 또 아름다운 후원에 연못과 정자가 많아 휴식과 풍류를 즐기기에도 안성맞춤이었어요.

 이제 본격적으로 창덕궁 여행을 떠나 볼까요? 이 지도를 참고해서 다음 페이지부터는 각각의 건물들과 건물 속에 숨겨진 역사 이야기를 만나 보아요.

한눈에 보는 창덕궁

⑨ 규장각
⑥ 대조전과 흥복헌
⑦ 관물헌
④ 선정전
⑤ 희정당
⑧ 낙선재
③ 인정전
② 인정문
① 돈화문

재미있는 창덕궁 기행

1 돈화문 …▶ 창덕궁의 정문

　창덕궁의 정문은 돈화문이에요. 돈화라는 말은 '백성을 가르쳐서 감화시킨다'는 뜻이지요. 돈화문은 1412년 5월에 세워졌어요. 그다음 해 1월에는 문에 대종과 북도 걸었답니다. 그러고는 매일 밤 10시경이 되면 이곳에서 종을 울려 사람들이 오가지 못하게 했고, 새벽 4시에는 북을 쳐 다시 사람들이 오가도 된다는 신호를 전했어요. 돈화문은 임금이 나들이 갈 때나 국가에 큰 행사가 있을 때 주로 열렸어요. 신하들이 창덕궁에 드나들 때는 돈화문 옆의 금호문을 사용했지요.

돈화문
문에 종과 북을 걸고 사람들이 오가도 된다는 신호를 보냈어요.
나라에 큰 행사가 있을 때는 문을 활짝 열었답니다.

그런데 1623년 3월 12일이었어요. 임금이 오신 것도 아닌데 늦은 밤 돈화문이 활짝 열렸어요. 무슨 일이었을까요? 훈련대장 이홍립이 임금을 몰아내려는 군사들과 몰래 일을 꾸며 돈화문을 연 것이었어요.

훈련대장은 훈련도감의 대장을 말해요. 조선 시대에는 도읍과 그 둘레를 지키는 오군영이라는 기관이 있었는데, 그중 하나가 훈련도감이었지요. 훈련도감은 오군영 중에서도 가장 군사의 수가 많았어요. 그 정도로 힘을 가진 훈련대장과 군사들이 손을 잡았으니 무슨 일이 일어나려는 걸까요?

조선 제15대 왕 광해군은 이날 반란이 일어날 것이라는 상소를 받았어요. 하지만 술을 마시느라 대수롭지 않게 여겼지요. 신하들이 빨리 조사해야 한다고 두세 번 간청하고 나서야 마지못해 밖을 수색하라고 했어요. 하지만 수색을 맡은 신하들 모두가 임금을 반대하는 무리였답니다.

마침내 돈화문이 열리고 군사들이 함성을 지르며 달려 들어가자 대신들은 모두 흩어져 도망갔지요. 놀란 광해군은 후원 북쪽의 소나무 숲으로 가서는 궁궐 담을 넘었어요. 그러나 다음 날 붙잡혀 강화도로 유배를 떠나야만 했어요. 광해군을 그렇게 쫓아낸 뒤, 경운궁 즉조당에서 새로운 임금이 즉위했어요. 바로 조선의 제16대 임금 인조랍니다.

이들이 광해군을 왕위에서 쫓아낸 이유는 크게 두 가지였어요. 첫째는 동생 영창 대군을 죽이고, 어머니 인목 대비를 경운궁에 가두었다는 죄목이에요. 두 번째는 임진왜란 때 조선을 구해 준 명나라에 대한 은혜를 저버리고 오랑캐(청나라)와 친하게 지낸다는 것이었어요.

하지만 결국 청나라는 명나라를 멸망시키고 중국 대륙을 통일했어요. 나중에 인조는 청나라 태종의 공격을 받고 삼전도에서 굴욕적인 항복을 하기도 했답니다.

창덕궁 돈화문은 임진왜란 때 불타 버린 것을 1607년 광해군이 다시 지은 거예요. 광해군 때 지어졌을 당시의 원형이 오늘날까지 그대로 보존되고 있지요. 광해군이 쫓겨나고 새로운 궁궐의 주인이 탄생하는 과정을 고스란히 지켜본 건물인 셈이에요.

2 인정문 … 임금의 즉위식이 열린 곳

돈화문을 지나 어도를 따라 북쪽으로 가다가 오른편으로 들어서면 금천교가 있어요. 궁궐의 정전에 들어갈 때는 반드시 궁궐 대문과 정전의 정문 사이를 흐르는 금천을 건너야 해요. 금천을 지나면 바로 임금의 영역에 들어서지요.

금천교에는 나쁜 기운이 궁궐로 들어가는 것을 막아 주는 여러 가지 상

금천교
나쁜 기운을 막아 주는 상서로운 동물들이 조각되어 있어요.

인정문
창덕궁의 정전으로 들어가는 문으로, 문 안쪽으로 정전이 보여요. 이 문 앞에서 여러 임금의 즉위식이 열렸어요.

서로운 동물들이 조각되어 있어요. 창덕궁의 금천교에는 현무와 귀면, 산예, 나티 등이 새겨져 있지요.

　금천교를 건너 진선문으로 들어서면 왼쪽에 정전으로 들어가는 인정문이 있어요. 조선 시대 정전의 정문에서는 주로 임금의 즉위식이 열렸어요. 인정문에서는 연산군을 비롯하여 효종, 현종, 숙종, 영조, 순조, 철종, 고종 등의 즉위식이 있었어요. 임금의 즉위는 아무 데서나 하는 게 아니라 임금이 돌아가신 궁궐의 정전 문 앞에서 이루어졌어요. 대개 선왕이 돌아가신 지 5~6일째 되는 날 즉위식이 열렸지요.

🜲 인정전 … 나라의 중요한 행사가 열리던 곳

인정문으로 들어가면 인정전의 너른 마당이 나와요. 이 너른 마당을 조정이라고 불러요. 조정에는 품계석이 늘어서 있는데, 품계는 벼슬자리의 등급을 말해요. 신하들은 자신의 품계에 맞는 품계석 옆에 섰지요. 품계는 1~9품까지 있었어요. 또 같은 품계라도 정품(높은 등급)과 종품(정품보다 낮은 등급)으로 나뉘어졌지요. 품계석은 동서 양쪽에 세워져 있는데, 동쪽은 문반(정치 일을 맡은 관리)이 서고 서쪽은 무반(군사 일을 맡은 관리)이 섰어요. '양반'이란 말은 이처럼 '동쪽의 문반'과 '서쪽의 무반'에서 생겨났다고 해요.

이 품계석은 1777년 9월 6일, 정조의 명으로 세워졌어요. 정조가 이것을 세운 이유는 관리들의 위계질서를 바로잡아서 나라의 기틀을 제대로 세우려 한 것이라고 해요.

조정
조정에는 품계석이 늘어서 있어요. 품계는 벼슬자리의 등급으로, 신하들은 자신의 품계에 맞는 품계석 옆에 섰지요.

인정전은 특별한 날 임금이 신하들에게 축하 인사를 받는 곳이에요. 인정전 안에도 경복궁의 근정전처럼 임금의 자리인 어좌가 놓여 있고 뒤에 일월오봉병이 세워져 있어요. 어좌는 단을 높게 해 화려하게 만든 어탑 위에 설치되어 있지요. 경복궁 근정전 천장에는 칠조룡이 있는데, 인정전에는 봉황 두 마리가 날고 있어요. 해와 달, 용과 봉황, 다섯 봉우리 등은 모두 임금을 상징하는 장식물이지요.

조선 시대 관청 중에서 6조는 궁궐 밖에 있었지요. 하지만 책을 관리하던 홍문관과 약방인 내의원 등은 궁궐 안 인정전 서편에 있었답니다.

인정전 남쪽과 동쪽에는 빈청과 승정원 등이 있었어요. 으뜸 벼슬인 정승급 대신들이 회의하는 빈청은 특별하게 여겨 넓고 한적한 곳에 두었어

인정전 내부
경복궁 근정전 천장에는 칠조룡이 새겨져 있지만 인정전 천장에는 봉황 두 마리가 화려하게 날고 있어요. 봉황 역시 임금을 상징하는 장식물이랍니다.

요. 또 안쪽에는 온돌을 놓았지요. 숙종 임금 뒤로는 마루로 바뀌었지만요. 이곳은 일제 강점기에는 임금이 타는 가마를 보관하는 어차고로 바뀌었다가, 지금은 물과 음료수를 파는 매점이 되었어요.

임금의 비서인 승지가 근무하는 승정원, 나랏일이 잘 이루어지고 있는지 감시하는 언관들이 모여서 의논하는 대청 등도 궁궐 안에 있었어요.

4 선정전 ⋯▶ 임금이 신하들과 정치를 의논하던 편전

인정전의 동문인 광범문을 나서면 왼쪽에 선정문이 보여요. 선정문은 임금의 편전인 선정전으로 들어가는 문이에요. 선정문에서 선정전까지는 행각으로 연결되어 있어요. 선정전은 임금이 신하들과 정치를 의논하던 편전이에요. 선정은 '정치를 베푼다'는 뜻이지요.

선정전은 경복궁의 사정전처럼 근정전 바로 뒤에 있지 않고, 인정전의 동북쪽에 있어요. 이는 창덕궁을 지을 때 본래의 지형을 잘 다듬어 지었기 때문이에요. 그래서 전각들이 동북쪽으로 조금씩 물러나 앉은 듯이 세워져 있지요.

선정전은 궁궐의 전각 중 유일하게 청기와 지붕을 올렸어요. 청기와는 회회청을 발라 구운 기와로 매우 비싸답니다. 그래서 중요한 건물에만 사용되었다고 해요. 이 건물은 광해군 때 중건된 그대로인데, 이때에도 청기와를 써서 건물을 지었지요. 옛 기록을 보면 경복궁 근정전에도 청기와를 사용했다고 하는데, 임진왜란 때 불에 타 지금은 만날 수 없어요.

선정전 안에는 어좌가 있고 일월오봉병이 둘러져 있지요. 경복궁의 사정

선정전
임금이 신하들과 정치를 의논하던 편전이에요. 선정문에서 선정전까지 들어가는 길은 특별하게 행각으로 연결되어 있지요.

전과 비슷하지만 규모는 훨씬 작지요. 안에는 마루가 깔려 있어 대신들이 앉아서 나랏일을 할 수 있어요.

제13대 임금인 명종 때에는 문정 왕후가 이곳에서 수렴청정을 했대요. 그 이야기를 들어 볼까요? 제12대 임금인 인종의 갑작스런 죽음으로 12세에 왕위를 잇게 된 명종은 9년 동안 어머니 문정 왕후의 수렴청정을 받아야 했어요.

인종과 명종은 모두 조선 제11대 임금 중종의 아들이에요. 사치와 방탕을 일삼던 연산군을 몰아내고 왕위에 오른 중종은 첫째 부인 단경 왕후를 일주일 만에 친정으로 내쫓아야 했어요. 단경 왕후의 아버지 신수근이 바로 연산군의 처남이었거든요. 얼마 뒤 중종은 장경 왕후를 맞아들였는데, 장경 왕후는 원자를 낳고 엿새 만에 세상을 떠났어요. 이 원자가 바로 뒷날

선정전 내부
규모가 작긴 하지만 어좌가 있고 일월오봉병이 둘러져 있어요. 마루가 깔려 있어 신하들이 앉아 나랏일을 의논했어요.

의 인종이지요.

중종은 다시 문정 왕후를 맞아들이고 인종을 잘 키워 달라고 당부했어요. 그러나 문정 왕후가 경원 대군(명종)을 낳으면서 인종은 냉대를 받았답니다. 문정 왕후는 심지어 자기 아들이 왕위에 오르게 하려고 인종을 죽이려는 음모까지 몇 차례 꾸몄다고 해요.

가장 잘 알려진 사건은 1543년 1월 7일 밤에 일어난 동궁의 화재였어요. 누군가 쥐 여러 마리를 가져다가 꼬리에 불을 붙여 동궁에 들여보냈다고 해요. 궁 안에서는 문정 왕후가 세자를 해치려고 저지른 일로 추측했어요. 하지만 세자는 자신이 덕이 없어 불이 난 것이니 더 이상 사건을 파헤치지 말라고 당부했지요. 결국 불을 지른 범인을 밝혀내지 못한 채 사건은 마무리되었어요.

"나 인종은 명종과 같이 중종의 아들이었어. 하지만 문정 왕후는 자신이 낳은 아들인 명종이 왕이 되길 바랐지."

문정 왕후의 수렴청정
명종의 어머니인 문정 왕후는 선정전에서 수렴청정을 했어요. 수렴청정은 왕의 어머니나 할머니가 어린 왕을 대신해 정치를 하는 것을 말하지요.

중종이 죽은 뒤, 인종은 조선의 제12대 임금이 되었지만, 불행히도 인종은 왕위에 있던 기간이 조선의 임금 중 가장 짧았답니다. 왕위에 오른 지 9개월 만에 31세의 젊은 나이로 세상을 떠났거든요.

떠도는 이야기에는 문정 왕후가 그를 죽인 것이라고 해요. 효성이 지극했던 인종이 대비전에 문안을 갔을 때 문정 왕후가 독이 든 떡을 먹였고, 그 뒤 인종은 심한 설사를 하며 앓아누웠어요. 그리고 결국 세상을 떠나고 말았지요.

인종을 이어 명종이 즉위한 뒤에는 문정 왕후가 수렴청정을 했어요. 하지만 실제로는 문정 왕후의 동생인 윤원형이 정치를 좌지우지하면서 큰 혼란이 생겼지요. 1545년에는 사화까지 일으키면서 정치적인 반대파들을 죽이거나 귀양을 보냈어요.

이처럼 나라가 혼란하고 백성들이 살기 어려워지자 곳곳에서는 도적들이 들끓었어요. 혹시 임꺽정이라는 사람에 대해 들어 본 적 있나요? 나쁜 관리를 혼내 주고 백성들을 위했다는 의적 임꺽정이 살았던 시대가 바로 명종 때예요.

문정 왕후는 1553년 7월 12일 수렴청정에서 물러났어요. 1565년 문정 왕후가 죽자 명종은 윤원형과 승려 보우를 내쫓았지요. 그리고 인재를 고루 등용하며 올바른 정치를 펼치려고 노력하였으나 뜻을 이루지 못하고 34세의 젊은 나이로 세상을 떠나고 말았어요. 명종에게는 아들 순회 세자가 있었으나 그 역시 안타깝게도 13세에 죽고 말았지요. 그리하여 왕위는 중종의 일곱째 아들인 덕흥 대원군의 셋째 아들이 이어 가게 되었는데, 바로 조선의 제14대 임금 선조예요.

5 희정당 … 임금이 주무시는 침전

선정전 동쪽 뒤편에 큼직하게 자리 잡은 전각이 희정당이에요. 원래 이름은 숭문당이었는데, 1496년 6월 화재가 나 다시 세우면서 희정당이라 부르게 되었어요. 희정당에는 여러 차례 불이 났어요. 인조반정 때 불에 탔다가 1647년에 다시 세워졌고, 또 1833년에도 불에 탔다가 다음 해에 수리되었지요.

희정당은 원래 임금이 주무시는 침전이에요. 그런데 창덕궁의 편전인 선정전이 비좁아서 희정당이 편전으로 사용되기도 했어요. 지금의 희정당은 1917년에 불탄 것을 1920년에 복원하면서 경복궁 강녕전을 옮겨다 지은 것이에요. 그래서 창덕궁의 다른 전각들과 달리 건물이 커요. 원래 강녕전에는 용마루가 없었는데, 희정당은 옮겨 지을 때 용마루도 올리고, 자동차가 들어오도록 남행각 정문 현관도 바깥으로 튀어나오게 해 놓았어요.

희정당
여러 차례 불이 나는 바람에 다시 지어져 창덕궁의 다른 전각들과는 달라요. 1920년에 다시 지을 때는 용마루도 올리고, 자동차가 들어오도록 정문 현관도 밖으로 튀어나오게 해 두었어요.

희정당은 조선 제23대 임금 순조의 아픔이 어린 곳이에요. 이곳에서 1830년 5월 순조의 아들이자 헌종의 아버지인 효명 세자가 22세의 꽃다운 나이에 세상을 떠났거든요.

조선 제23대 임금 순조는 제22대 임금 정조가 갑작스럽게 세상을 떠나자 11세의 어린 나이에 왕위에 올랐어요. 어린 임금을 대신해 제21대 임금 영조의 비인 정순 왕후가 수렴청정을 했지요. 정조는 일찍이 안동 김 씨 김조순의 딸을 순조의 배필로 정해 두었어요. 그리고 어린 아들을 걱정하며 사돈인 김조순에게 세자를 잘 보필해 달라고 부탁했지요. 그러나 이들 안동 김 씨는 나중에 외척으로써 권력을 마음껏 휘두르고 온갖 부정을 저질렸어요. 이처럼 왕실의 몇몇 친척이나 신하들이 제 마음대로 나라를 휘두르던 것을 '세도 정치'라고 불러요.

세도 정치 시기에 탐관오리들이 극성을 부리면서 나라에는 크고 작은 민란들이 일어났어요. 이런 때 건강마저 좋지 않았던 순조에게 새로운 희망이 생겼어요. 바로 원자 영이 태어났거든요.

순조는 세자가 8세 되던 해 성균관에 입학시키고, 10세가 되자 성인이 되는 의식인 관례를 치르게 했어요. 효명 세자의 성균관 입학식 그림은 지금도 남아 있는데, 순조가 아들에게 얼마나 많은 공을 들였는지 잘 보여 주고 있지요.

또 순조는 안동 김 씨가 아닌 풍양 조 씨 조만영의 딸을 세자빈으로 간택했어요. 효명 세자는 외모와 총명함은 물론이고 책을 좋아하는 모습까지 할아버지 정조를 쏙 빼닮았다고 해요. 효명 세자에게 큰 기대를 건 순조는 세자가 19세 되던 1827년, 건강이 좋지 않다는 이유를 들어 대리청정

> 세도 정치로 힘든 조선을 바꿀 희망은 내 아들 효명 세자뿐이구나!

익종 대왕 입학도
1817년 효명 세자가 성균관에 입학하는 모습을 그린 그림이에요. 순조가 아들에게 얼마나 많은 공을 들였는지를 잘 보여 주고 있지요.

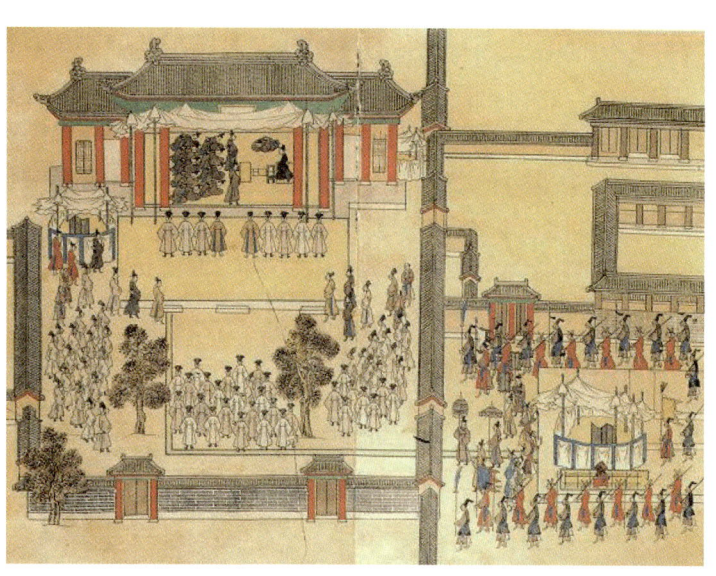

을 시켰어요. 대리청정이란 왕이 나랏일을 제대로 돌볼 수 없을 때 세자가 대신해 일하도록 하는 것이에요. 미래의 국왕답게 젊은 세자는 의욕적으로 나랏일을 시작했어요.

우선 3년 동안 무려 50여 차례에 걸쳐 과거 시험을 보았어요. 정조가 규장각에서 자신의 신하들을 키웠던 것처럼 효명 세자도 과거를 통해 자신을 지지해 줄 똑똑한 관료를 뽑고 싶었던 거예요.

효명 세자는 외가인 안동 김 씨 세력을 누르고 왕권을 강화하기 위해 예악을 이용하기로 했어요. 예악은 일종의 잔치라고 할 수 있는데, 이를 통해 신하들로 하여금 임금에게 머리를 조아리며 충성을 다짐하도록 한 거예요. 효명 세자는 해마다 아버지 순조와 어머니를 위해 큰 연회를 베풀었지요.

궁중 연회를 통해 조금씩 세력을 모으고 왕권을 안정시킨 효명 세자는 외가 쪽 세력을 멀리하고 그와 반대되는 세력을 키웠어요. 그러나 효명 세자의 개혁은 그리 오래가지 못했어요. 대리청정을 한 지 삼년 째 접어들 때부터 몸이 아프기 시작했거든요. 호흡기가 안 좋았던 효명 세자는 피까지 토하는 등 점점 증상이 악화되었어요.

효명 세자는 1830년 5월 6일 22세의 젊은 나이로 창덕궁 희정당에서 숨을 거두었어요. 그리고 4년 뒤 순조가 세상을 떠나자 8세의 세손이 왕위를 이었으니, 조선 제24대 임금 헌종이에요. 헌종은 조선 역사에서 가장 어린 나이로 즉위한 임금이었어요. 자연스레 대왕대비인 안동 김 씨 순원 왕후가 수렴청정을 했고, 이때부터 조선의 세도 정치는 더욱 심해지고 말았지요.

더욱이 당시는 서양 열강이 점점 동양으로 발을 넓히고 있던 때였어요. 조선의 국운은 바람 앞의 등불처럼 위태로워지고 있었답니다.

6 대조전과 흥복헌 … 왕비가 주무시는 침전과 그 부속 건물

희정당 뒤쪽에 있는 선평문으로 들어가면 대조전 영역이에요. 대조전은 왕비가 주무시는 침전을 말해요. 왕비는 주로 대조전 영역에서 생활하지요. 대조전의 대조는 '크게 만든다'는 의미로, 장차 왕위를 이어갈 왕자를 생산한다는 뜻이에요. 대조전에서 태어난 왕자로는 효명 세자가 있지요.

원래 창덕궁에 있던 대조전은 1917년 불이 나 타 버리고 말았어요. 그래서 1920년 경복궁의 교태전을 헐어서 지금의 대조전을 지었지요. 대조전은 다른 궁궐의 중궁전처럼 왕비가 머무는 곳이기 때문에 지붕에 용마루를 올리지 않는 게 특징이에요.

대조전은 중간의 대청마루를 중심으로 동쪽과 서쪽에 온돌방이 있어요. 순종 황제와 순정효 황후는 함께 대조전에서 생활했어요. 서쪽 온돌방에서는 순정효 황후가 머물렀는데, 황후가 사용했다는 용이 조각된 서양식 침

대조전
왕비가 머무는 곳으로 지붕에 용마루가 없어요. 대한 제국의 마지막 황제 순종이 이곳에서 눈을 감았다고 해요.

대가 지금도 남아 있어요. 가운데 대청마루에는 자개로 장식된 의자가 놓여 있어요. 동쪽 온돌방은 순종 황제가 사용하던 곳이에요. 대한 제국의 마지막 황제 순종은 이곳에서 1926년 4월 25일 오전 6시경 눈을 감았어요.

조선의 스물일곱 임금 중 순종처럼 한 많은 생을 살다 가신 분은 없을 거예요. 순종은 대한 제국의 황제로서 나라의 주권을 일본에 넘겨야 했거든요. 순종은 죽을 때 아버지 고종과 열성조(역대 임금)를 어떻게 뵙겠느냐며 슬픔의 눈물을 흘렸다고 해요.

대조전 내부
순종과 그 황후가 지냈던 건물로, 현대적인 가구와 유리창 등을 만날 수 있다는 게 특징이에요.

대조전의 부속 건물 흥복헌은 조선의 마지막 어전 회의가 열린 곳이에요. 어전 회의는 임금과 신하가 나랏일을 의논하던 회의를 말하지요. 1910년 8월 22일에 열린 어전 회의에는 총리대신 이완용, 내부대신 박제순, 농상공부대신 조중응, 법무대신 이제곤을 비롯해 황족과 문무대신 등 여러 사람이 참석했어요. 참석자들은 일본이 미리 만들어 놓은 '한일 병합 조약'을 승인할 것인지를 논의했어요.

대신들은 순종 황제에게 윽박지르며 조약에 승인하라고 했어요. 이때 순정효 황후는 병풍 뒤에 숨어서 회의를 죽 지켜보았어요. 대신들은 조약 체결을 이완용이 대신하도록 하고 옥새를 내주기로 했지요. 하지만 옥새는 황후의 치마폭에 숨겨져 있었어요. 나중에 이를 안 대신들이 옥새를 달라고 했지만 황후는 옥새를 꼭 잡고 주지 않았어요.

결국 대신들은 황후의 삼촌인 윤덕영에게 옥새를 빼앗아 달라고 했지요. 그렇게 옥새를 손에 넣은 이완용은 남산 밑에 있는 조선 통감 관저로 재빨리 달려가 일본 관리 데라우치와 함께 한일 병합 조약에 서명을 했어요.

한일 병합 조약은 1910년 8월 29일 인정전에서 선포되었어. 그렇게 조선 왕조는 막을 내리고 말았지.

이 조약은 1910년 8월 29일 인정전에서 선포되었어요. 한일 병합 조약의 제1조는 '대한 제국 황제 폐하는 대한 제국 통치권을 완전하게 또 영원히 일본 황제 폐하에게 건네준다'고 되어 있어요. 이로써 태조 이성계가 1392년 조선을 세운 다음으로, 27대 519년을 이어 오던 조선 왕조는 막을 내리고 말았지요.

순종이 눈을 감은 대조전의 정문인 선평문으로 나와 희정당과 대조전을 잇는 복도각 아래를 지나 왼쪽으로 가면 여춘문이 있어요. 여춘은 '아름다운 봄'이라는 뜻이

흥복헌
대조전의 부속 건물이에요. 이곳에서 조선의 마지막 어전 회의가 열렸는데, 거기서 안타깝게도 한일 병합 조약을 체결하기로 결정되었지요.

여춘문   천장문

에요. 이 문으로 들어가면 정면에 후원으로 통하는 예쁜 꽃 계단이 있어요. 꽃 계단 위에는 아치 모양으로 된 천장문이 있답니다.

7 관물헌 …▶ 갑신정변이 일어난 곳

꽃 계단 오른쪽으로는 벽돌로 쌓은 아기자기한 굴뚝이 보여요. 굴뚝과 담 사이에 난 좁은 길을 끝까지 걸어 나오면 오른쪽에 세자가 지내던 공간인 성정각과 중희당 터가 있지요.

성정각은 왕세자를 교육시키는 곳이었어요. 하지만 지금 성정각에는 엉뚱하게도 내의원 간판이 붙어 있어요. 인정전 서편에 있던 내의원이 일제 강점기에 헐리면서 편액과 약재 도구를 이리로 옮겨 오고 잠깐 동안 내의

성정각
왕세자를 교육시키는 곳이었어요. 그러나 일제 강점기 내의원으로 사용하면서 지금은 내의원 간판이 걸려 있어요.

원으로 사용했기 때문이에요.

 성정각 뒤편에는 관물헌이 있는데, '집희'라는 편액이 걸려 있어요. 관물헌은 제27대 임금 순종이 태어난 곳이에요. 스물여섯 칸으로 되어 있어 비교적 큰 집이지요. 제22대 임금 정조도 이 집을 즐겨 사용했다고 해요. 1783년 11월 26일, 정조는 이곳에서 신하들에게 유교의 사상을 담은 책인 경서를 외우는 시험을 치르게 했어요. 또 제23대 임금 순조는 1813년 4월 3일부터 이곳을 아들인 효명 세자를 교육하는 장소로 삼았어요.

 관물헌은 1884년 갑신정변의 무대로도 유명해요. 김옥균, 홍영식 등 나라의 개혁을 꿈꾸던 세력인 개화당은 제26대 임금 고종을 모시고 이곳에서 청나라 군대와 맞섰어요.

 이들은 당시 일본을 개화의 모델로 삼아 하루 빨리 조선을 부강한 나라로 만들고 싶어 했어요. 그런데 임금 고종과 왕비인 명성 황후가 청나라와 친하게 지내자 이들은 마음이 조급해졌지요. 그때 마침 청나라가 베트남을 놓고 프랑스와 충돌하면서 조선에 들어와 있었던 청나라 군인 3,000명 중 1,500명을 데려가자 이들은 일을 벌이기로 했어요. 일본으로부터 도움을 받은 이들 개화당은 1884년 10월 17일 밤 우정국의 개국을 축하하는 연회 때에 난리를 일으켰지요.

개화파들은 우정국의 연회가 무르익을 무렵 담장 밖에 불을 질러 소란스럽게 한 뒤 당시 나라를 다스리던 보수 세력을 없애려고 했어요. 관리 민영익을 다치게 한 개화파들은 곧바로 일본 공사관을 거쳐 창덕궁으로 가서 고종에게 보수 세력과 청나라 군대가 반란을 일으켰다고 말했어요.

그들은 고종을 경우궁(순조의 어머니를 모신 사당)으로 모셔 가면서 일본

관물헌
우정국과 함께 갑신정변의 무대가 된 곳이에요. 하지만 갑신정변은 실패하여 개혁과 자주 국가의 꿈은 물거품이 되었어요.

공사에게 보호해 달라고 부탁했어요. 일본 공사는 즉시 군인 100여 명을 보내 경우궁의 네 문을 지키도록 했지요.

그날 밤 개화당은 고종을 뵙기 위해 달려온 보수파 관리들을 모두 죽였어요. 그리고 10월 18일 개화파는 새 정권이 수립되었다고 알렸어요. 우리나라 역사상 가장 젊은 관리들로 이루어진 조정이 탄생하는 순간이었지요. 개화파 중에서는 김옥균만 30대 초반이었고, 홍영식, 박영교, 박영효, 서광범, 서재필 등은 20대의 젊은이였거든요.

개화당은 그날 오후 5시, 다시 거처를 창덕궁으로 옮겼어요. 신정 대비와 명성 황후가 경우궁이 좁다며 불평을 했거든요. 명성 황후는 넓은 창덕궁이라면 적은 수의 군사가 지키기 힘들 것이라고 예상하고 일부러 불평을 늘어놓아 창덕궁으로 거처를 옮기도록 한 것이었어요.

18일 밤 창덕궁에서 개화파는 14개조 개혁안을 발표했어요. 능력 있는

관리를 임명하고 국가 재정을 튼튼히 하는 등 조선을 부강한 나라로 만드는 내용이었지요. 하지만 이들은 일본의 도움에 너무 의지하고 있었어요. 19일 오후 3시경 청나라 군대는 창덕궁을 에워싸고 대포를 퍼부었어요. 그러자 숫자가 적었던 일본군은 창덕궁을 버리고 달아났어요. 일본군을 믿고 일을 벌인 개화파는 크게 당황했지요. 그들은 목숨을 잃거나 일본으로 도망을 가야만 했어요.

근대적인 자주 국가를 꿈꾸던 김옥균을 비롯한 개화파의 꿈은 이렇게 물거품이 되었어요. 이 사건을 갑신년에 일어났다 하여 '갑신정변'이라 불러요.

낙선재 … 헌종이 경빈 김 씨를 위해 지은 건물

승화루를 지나 오른쪽 길로 내려서면 낙선재가 있어요. 낙선재 일대는 낙선재와 석복헌, 수강재 등으로 이루어져 있지요. 단청이 없는 단아한 건물인 낙선재는 조선 제24대 임금 헌종이 경빈 김 씨를 위해 지은 건물이에요.

헌종은 제23대 임금 순조의 손자로서, 순조의 아들 효명 세자와 신정 왕후 사이에서 태어났어요. 4세에 아버지를 여의고, 그해 세손이 되었다가 순조가 세상을 떠나자 8세의 어린 나이에 왕위에 올랐지요. 그리하여 할머니 순원 왕후가 수렴청정을 하다가 15세가 되었을 때부터 직접 정치를 하기 시작했어요.

헌종 대에는 안동 김 씨와 풍양 조 씨의 세도 정치가 기승을 부렸어요.

할머니 순원 왕후와 왕비인 효현 왕후는 안동 김 씨였고 어머니 신정 왕후는 풍양 조 씨였지요. 두 가문이 권력 다툼을 하는 동안 나라는 가난해지고 백성들은 고달프기 그지없었지요. 관직을 돈으로 사고파는 일이 많았고, 돈을 주고 관직을 산 관리들은 그만큼 백성들을 쥐어짰거든요. 게다가 헌종이 왕위에 있던 15년 동안 나라에 9번이나 홍수가 나서 백성들은 더욱 큰 고통을 당했지요.

 헌종은 두 가문의 눈치를 보느라 큰 소리 한 번 내지 못했어요. 그러던 중 효현 왕후가 갑자기 세상을 떠났답니다. 그 뒤 헌종은 김재청의 딸을 마음에 두었어요. 그러나 할머니는 효정 왕후를 왕비로 맞도록 했지요. 하지만 3년이 지나도록 아이를 낳지 못했어요. 헌종은 이것을 구실삼아 김재청의 딸을 후궁으로 맞아들이고 정1품 빈에 봉했어요. 그리고 1847년 임금

낙선재
조선 제24대 임금 헌종이 경빈 김 씨를 위해 지은 건물이에요. 대한 제국 황실의 어른들이 마지막까지 머문 장소이기도 하지요.

개인의 재산으로 새로운 전각을 지었는데, 이곳이 바로 낙선재예요.

낙선재에서는 헌종이 머물렀고 경빈 김 씨는 낙선재에 붙은 석복헌에서 지냈어요. 헌종은 이곳에서 2년간 머물며 경빈 김 씨와 함께 그림과 글씨를 즐겼다고 해요. 하지만 이 사랑은 오래가지 못했어요. 헌종은 1849년 23세의 젊은 나이에 세상을 떠났거든요.

헌종이 지은 낙선재는 대한 제국 황실의 어른들이 마지막까지 머문 장소로 더 널리 알려져 있어요. 대한 제국의 마지막 황제 순종은 일제에게 국권을 빼앗긴 후 주로 낙선재에서 살았어요. 하지만 순정효 황후는 광복 뒤에는 이곳에서 살지 못했어요. 이승만 대통령이 황실

석복헌
낙선재에서는 헌종이 머물렀고, 낙선재에 붙어 지어진 석복헌에서는 경빈 김 씨가 머물렀어요.

을 견제하면서 창덕궁이 아닌 이승만 대통령의 별장에서 지내야 했거든요. 뒤에 석복헌으로 돌아와 살던 순정효 황후는 1966년 2월 3일 석복헌에서 조용히 삶을 마감했지요.

광복 이후 대한 제국의 황실이 부활할까 염려한 이승만 대통령은 일본에 있던 마지막 황태자인 영친왕 내외와 마지막 옹주인 덕혜 옹주를 외면해

마지막 조선 황실 가족들

버렸어요. 우리나라로 들어올 수 없었던 황실 가족들은 국적 없이 일본에 머물며 온갖 고생을 다 했지요.

황실 가족들은 이승만 정권이 끝난 뒤 1963년에야 비로소 대한민국으로 돌아올 수 있었어요. 일본에서 갖은 고생을 한 영친왕은 의식이 없는 상태로, 덕혜 옹주는 정신이 온전하지 못한 상태로 귀국했지요. 영친왕의 비 이방자 여사는 낙선재에서 영친왕, 덕혜 옹주와 함께 머물며 남은 생애를 보냈어요.

규장각 ⋯▶ 정조가 세운 왕실 도서관

창덕궁 후원의 정문인 취화문을 지나 아름드리나무가 우거진 숲 고개를 넘으면 부용지라는 연못에 다다라요. 연못의 북쪽 언덕에 단정하게 기와를 올린 2층 건물이 있는데, 이곳이 바로 왕실 도서관이자 조선 최고의 학문 연구 기관인 규장각이에요.

정조는 즉위한 해인 1776년 3월에 규장각을 세우라고 명령했어요. 그렇게 세워진 건물의 1층은 규장각이고, 2층은 주합루라 불리는 누각이에요. '규장'은 하늘의 별 중에서 문장을 맡은 별인 규수가 빛나는 집이라는 뜻이에요. '주합'은 우주와 하나가 된다는 뜻으로, 자연의 이치에 따라 정치를 하겠다는 정조의 뜻이 담겨 있지요.

규장각은 원래 역대 임금의 글과 글씨를 모셔 두는 왕실 도서관이었어요. 하지만 정조는 이곳을 학문 연구의 중심으로 만들고 인재를 키우는 장소로 삼았지요. 우수한 인재를 키우고 그들을 중심으로 나랏일을 해 나가

규장각
부용지라는 연못 북쪽 언덕에 있는 왕실 도서관이에요. 정조는 이곳을 학문 연구의 중심으로 만들고 우수한 인재들을 길러 냈어요.

기 위해서였어요.

　규장각에는 훌륭한 인재들이 많이 모였어요. 정조는 규장각에 힘을 실어 주기 위하여 아무리 관직이 높은 신하라도 함부로 규장각에 들어올 수 없게 했어요. 또 젊은 관리들이 규장각에서 재교육을 받을 수 있도록 했어요. 이미 과거에 합격한 사람 가운데에서 낮은 벼슬 등급에다 37세가 되지 않은 젊은 인재들이 재교육을 받았지요. 이들은 3년 동안 업무를 하지 않고 학문 연구에만 전념했어요. 그렇게 하여 3년이 지나면 익힌 바를 나랏일에 쓰도록 했지요. 이 제도는 정조가 자신의 세력을 키우기 위해 마련한 것이었는데, 여기서 나온 가장 대표적인 인물이 정약용이에요.

　정조는 영조의 손자이자 사도 세자의 아들이에요. 정치 세력의 싸움 속

에서 사도 세자가 젊은 나이에 세상을 뜨자 그는 큰아버지 효장 세자의 아들이 되어 세손의 지위를 이어 갔지요. 그리고 1776년 영조가 세상을 떠나자 조선의 제22대 임금이 되었어요. 임금이 된 다음 정조는 '나는 사도 세자의 아들이다'라고 외쳤답니다.

왕위에 오른 뒤 사도 세자의 아들임을 공식적으로 밝힌 정조는 규장각을 세워 자신을 지지해 줄 학자를 키우는 한편 군사 조직도 개편했어요. 왕실을 지키는 부대였던 장용위를 점차 키워서 장용영을 만들었지요. 장용영은 짧은 시간 안에 자리를 잡아 언제 어디서든 임금의 곁을 든든히 지켜 주었어요.

왕권이 어느 정도 자리 잡았다고 판단한 정조는 아버지 사도 세자의 묘를 수원으로 옮겼어요. 그리고 몇 년의 준비를 더 거쳐 사도 세자의 묘소 가까운 곳에 수원 화성을 쌓고 신도시를 세웠어요. 화성 서장대에 올라 장용외영 군사들의 훈련을 지켜보면서 정조는 자신의 꿈을 향해 한걸음 더 다가가고 있음을 느꼈어요.

그러나 1800년, 정조가 갑자기 병이 들더니 회복되지 못하고 그 길로 영영 눈을 감아 버렸어요. 마치 임금이 죽기를 기다렸다는 듯, 세상은 또다시 반대파의 손아귀에 들어갔어요. 그들은 정조를 도와 나라 개혁에 앞장섰던 관리들을 몰아내고 장용영을 없애 버렸어요. 더욱이 곧 안동 김 씨의 세도 정치가 기승을 부리게 되면서, 조선은 회복하기 어려운 깊은 수렁 속으로 빠져들게 되었답니다.

4장

임금의 효심이 깃든 궁궐, 창경궁

왕실의 어른들을 생각하면서 지은 효심이 깃든 건물이에요. 창경궁과 그 역사 속으로 들어가 볼까요?

멍멍!

창경궁은 경복궁, 창덕궁에 이어 세 번째로 지어진 궁궐이에요. 창경궁 자리에는 원래 수강궁이 있었어요. 수강궁은 조선 제3대 임금 태종이 세종에게 왕위를 물려준 다음, 자신이 머물 곳으로 지었지요. 그 뒤 제7대 임금 세조도 이곳에서 살았고, 다음 왕인 예종은 수강궁에서 즉위식을 치르기도 했어요.

제9대 임금 성종 대에 와서 왕실의 웃어른인 할머니 정희 대비(세조 비), 어머니 소혜 왕후, 작은 어머니 안순 왕후(예종 비)를 편히 모시기 위해 수강궁을 수리하여 창경궁을 비로소 완성했지요. 그럼, 창경궁의 역사 속으로 다 함께 들어가 볼까요?

임금의 효심이 낳은 궁궐

창경궁은 원래 왕실의 어른들을 위해 지어졌지만 임금이 나랏일을 볼 수 있는 여러 건물들도 세워졌어요. 그래서 조선의 임금들은 창경궁에 머무르는 경우가 자주 있었지요.

창경궁은 창덕궁과 바로 옆에 붙어 있어서 서로 이어졌어요. 그래서 두 궁궐을 합하여 '동궐'이라고 부르지요. 「동궐도」에는 옛날 창덕궁과 창경궁의 모습이 고스란히 담겨져 있어요. 하지만 안타깝게도 1592년에 있었던 임진왜란과 1624년에 일어난 이괄의 난 때 불타 다시 지어졌어요.

동궐도
서로 나란히 붙어 있던 창경궁과 창덕궁을 그린 그림이에요.

　창경궁이 가장 크게 훼손된 것은 일제 강점기 때였어요. 일제는 1908년 궁궐 건물들을 치우고 그 자리에 동물원, 식물원을 세웠어요. 1911년에는 창경원으로 격을 낮추고 놀이 기구를 세워 사람들에게 공개했지요. 그러면서 궁궐의 모습을 완전히 잃어버렸어요. 창경궁이 다시 궁궐의 모습을 갖춘 것은 1986년에 이르러서예요. 건물들이 다시 세워지고 창경궁이란 이름도 되찾았지요.

　창경궁은 동쪽을 보고 있어요. 원래 궁궐은 임금이 사는 곳이기 때문에 모두 남쪽을 향해 짓지요. 하지만 창경궁은 원래 임금이 사는 궁궐로 지은 것이 아니었기 때문에 동쪽을 보게 되었답니다.

 이제 본격적으로 창경궁 여행을 떠나 볼까요? 이 지도를 참고해서 다음 페이지부터는 각각의 건물들과 건물 속에 숨겨진 역사 이야기를 만나 보아요.

한눈에 보는 창경궁

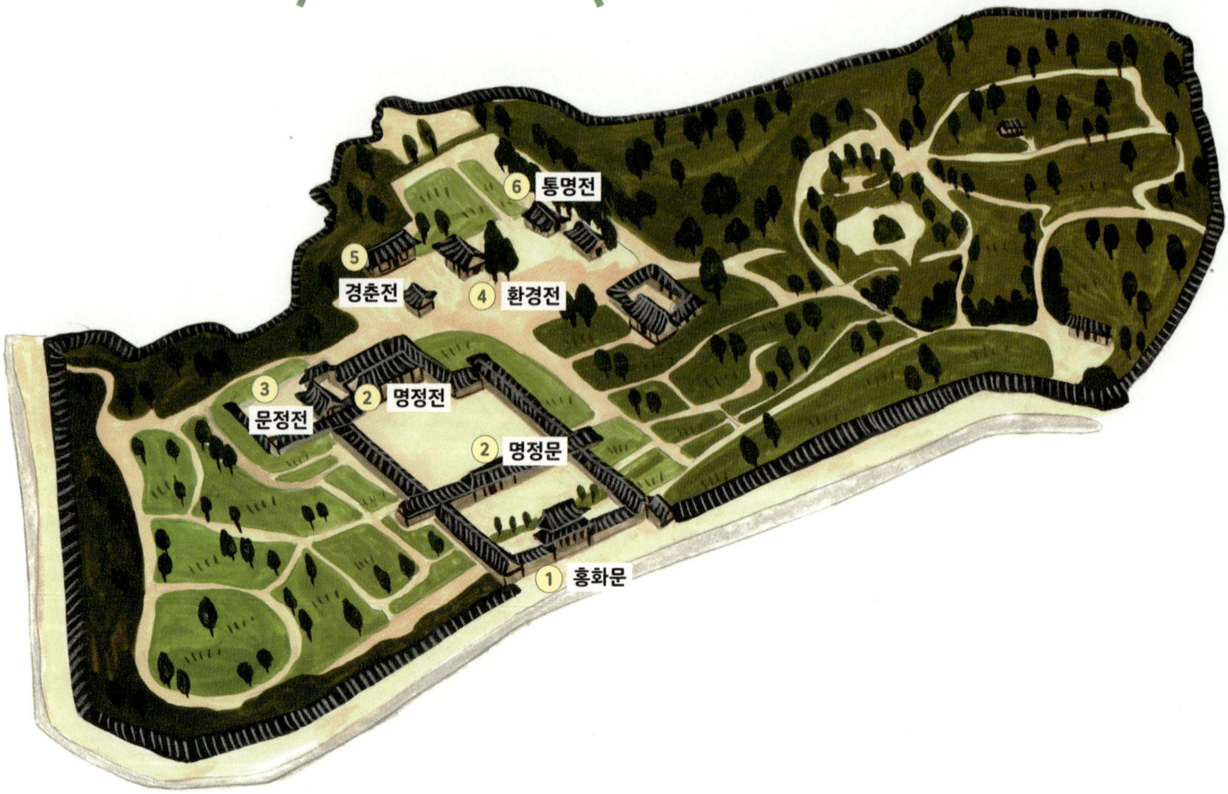

① 홍화문
② 명정문
② 명정전
③ 문정전
④ 환경전
⑤ 경춘전
⑥ 통명전

재미있는 창경궁 기행

1 홍화문 … 임금이 백성들을 만나던 창경궁의 정문

창경궁의 정문인 홍화문은 동쪽 방향이에요. 홍화문은 '가르치고 이끌어서 좋은 방향으로 널리 나간다'는 뜻을 담고 있어요. 2층으로 지어졌지만 창덕궁의 정문인 돈화문이 다섯 칸인데 비해 작은 세 칸이에요.

홍화문은 임금이 일반 백성들을 만나는 장소로 쓰였어요. 조선 제21대 임금 영조는 1750년 균역법을 시행하기 전에 홍화문에서 백성들을 만나서 의견을 들었어요. 균역법은 세금 제도인데, 백성들이 군대에 가는 대신 내던 군포(옷감) 2필을 반으로 줄여 준 것이에요. 신하들은 세금이 줄어든다며 반대했지만 백성들은 환영했지요. 뒤이은 임금 정조도 할아버지 영조를 본받아 홍화문에서 가난한 백성에게 쌀을 나누어 주었어요.

홍화문 안으로 들어서면 곧바로 옥천이 가로지르고 있어요. 옥천은 궁궐의 안과 밖을 가르는 금천을 말해요. 응봉(오늘날 왕십리)에서 내려오는 물

우리 백성들이 어떤 어려움이 있는지 직접 듣겠다!

임금은 홍화문에 나와 백성들을 직접 만나기도 했어요.

홍화문
창덕궁의 정문보다 규모가 작지만 임금이 백성들을 만나서 의견을 듣는 중요한 장소였어요.

옥천교
궁궐의 안과 밖을 가르는 금천 위에 있는 돌다리예요. 귀면을 새겨 두어 나쁜 귀신들을 쫓았어요.

을 받아 청계천으로 흘려보냈지요. 옥천 위에는 옥천교라는 돌다리가 놓여 있어요.

다리 위에는 임금과 신하들이 걷는 길이 나뉘어 있고, 양옆에는 돌난간이 있어요. 옥천교는 홍예가 두 개예요. 홍예가 연결되는 가운데에는 귀면을 새겨 넣어서 물길을 따라 들어오는 나쁜 귀신들을 쫓고 있지요.

2. 명정전과 명정문 … 창경궁의 정전과 정전으로 향하는 문

옥천을 지나면 명정문이에요. 명정은 '밝은 정치를 하라'는 뜻을 지니고 있어요. 명정문은 창경궁의 정전인 명정전으로 들어가는 문으로, 이곳에서는 국가의 중요한 행사가 열렸어요. 조선 제12대 임금 인종은 명정문에서 즉위식을 치렀고, 제17대 임금 효종도 이곳에서 세자의 자리에 올랐지요.

그러나 조선 제16대 왕 인조에게 이곳은 기억하고 싶지 않은 치욕의 장소였어요. 1624년 2월 8일 인조는 이괄의 난이 일어나자 명정문을 통해 궁궐 밖으로 피난을 갔거든요.

이괄의 난은 인조가 광해군을 내쫓고 임금이 되는 걸 도왔지만 알맞게 대우받지 못했다고 생각한 이괄이라는 신하가 일으켰어요. 인조를 임금으로 만들기 위한 총대장이 원래 김류였는데, 일을 벌인 그날은 이괄이라는 사람이 총대장을 맡았지요. 뒤늦게 김류가 나타나서 총대장을 다시 맡긴 했지만요. 그렇게 인조가 임금이 되도록 일을 성공시킨 다음, 김류는 1등 공신이 되었어요. 그러나 이괄은 겨우 2등 공신이 되었을 뿐이었지요. 이괄은 내심 불만을 품었어요. 여기에 이괄이 반역자로 몰리는 일까지 생겨

명정문
창경궁의 정전인 명정전으로 들어가는 문이에요. '명정'은 밝은 정치를 하라는 뜻이지요.

나자 이괄은 군사들을 끌고 조정으로 향했어요. 그러나 결국 부하 장수에게 죽임을 당하고 말았지요.

　이곳 명정문을 들어서면 사방이 행각으로 둘러싸인 명정전이 보여요. 명정전은 광해군 때 지은 건물로, 지금 남아 있는 건물 중 가장 오래되었어요. 이곳은 인조 때부터 나랏일을 하는 데 자주 이용되었어요. 정조는 이곳

남쪽 행각에 자신이 만든 군대인 장용영을 두기도 했지요.

🕯 문정전 ⋯→ 사도 세자의 비극이 벌어졌던 편전

명정전의 남쪽에는 임금의 편전인 문정전이 있어요. 문정전은 임금이 신하들을 만나거나 학문을 나누던 곳이었어요. 문정전은 영조의 둘째 아들인 사도 세자의 비극이 일어난 곳으로도 알려져 있답니다. 그 이야기를 들어 볼까요?

영조는 첫째 왕비 정성 왕후 서 씨가 돌아가시자 문정전에 위패(이름을 적은 나무패)를 모시고 혼전(왕비의 영혼을 모시는 집)으로 삼았어요. 이때 이곳의 이름을 잠시 휘령전으로 바꾸기도 했지요. 당시 경희궁에 머물고 있던 영조는 자주 이곳에 들렀고, 창경궁에서 나랏일을 하고 있던 사도 세자를 불러 함께 하곤 했어요.

사도 세자는 겨우 두 살 되었을 때 세자가 되었답니다. 영조가 40세인 늦은 나이에 얻은 아들이었거든요. 세자는 무척 영특했지만 10살을 넘기면서 영조의 기대에서 벗어나기 시작했어요. 학문을 게을리했고 말썽을 일으켰지요. 영조가 혼을 내면 낼수록 사도 세자의 행동은 더욱 심해져만 갔어요.

특히 당시 권력을 잡고 있던 세력은 다른 정치적 입장을 가지고 있었던 사도 세자를 경계해서 영조에게 사도 세자의 나쁜 행동을 골라 고자질하기도 했답니다.

그러던 1762년, 영조의 부름에 사도 세자가 오지를 않자 화가 난 영조는

문정전
명정전의 남쪽에 있어요. 편전으로 임금이 신하를 만나거나 학문을 나누던 곳이었지요.

사도 세자에게 스스로 목숨을 끊으라고 명령했어요. 신하들이 말리고 사도 세자도 잘못을 용서해 달라고 빌어도 소용없었어요.

  결국 영조는 쌀 담는 뒤주를 내오라 하고는 사도 세자에게 뒤주 속으로 들어가라고 명했어요. 세자가 살려달라고 애원했지만 영조는 뒤주 속으로 들어가라고 재촉할 뿐이었지요. 결국 세자가 뒤주에 들어가자 영조는 손수 뚜껑을 닫고 자물쇠를 잠근 뒤 동아줄로 묶게 했어요. 그렇게 9일째 되는 날 사도 세자는 숨을 거두었지요.

  이때 세손(세자의 아들)이었던 정조의 나이는 겨우 11세였어요. 영조는 사도 세자의 장례를 치른 뒤 곧바로 세손을 왕세자로 책봉했어요.

4 환경전 ⋯ 임금의 침전

명정전 서쪽에는 복도가 있고 그 끝에 빈양문이 있어요. 빈양문 남쪽에 연결되어 있는 집이 숭문당이에요. 숭문당에서 북쪽으로 행각을 따라 올라가다가 서쪽으로 방향을 돌리면 함인정이 보여요.

함인정 뒤편에는 임금이 주무시는 곳, 그러니까 침전인 환경전이 있어요. 임금의 침전은 원래 용마루가 없는데, 환경전에는 용마루가 있는 점이 특이해요.

환경전에서 1544년 제11대 임금 중종이 세상을 떠났어요. 그다음 인종이 명정문에서 제12대 임금에 올랐지요. 환경전은 1645년 6월 27일 제16대 임금 인조의 아들 소현 세자가 세상을 떠난 곳이기도 해요. 광해군을 몰아내고

빈양문
임금이 나랏일을 하던 공간과 사적으로 생활하던 공간을 나누고 있는 문이에요.

숭문당
임금 영조가 학생들과 함께 학문을 나누던 장소예요.

함인정
임금 영조가 과거 시험에 합격한 사람들을 만나던 곳이에요.

환경전
임금이 주무시는 침전이에요.. 원래 침전에는 용마루가 없지만 이 건물은 용마루가 있는 것이 특이해요.

왕위에 오른 인조는 명나라를 섬기고, 청나라(후금)를 내치는 정책을 펼쳤어요. 그러나 이것은 점점 더 힘을 키워 가던 청나라에게 두 번이나 침략을 당하는 결과를 가져왔지요.

바로 1627년에 일어난 정묘호란과 1636년 일어난 병자호란이에요.

정묘호란을 겪고도 후금을 업신여기던 조선은 후금이 나라 이름을 청으로 바꾸고 임금과 신하의 관계를 맺자고 하자 청나라와 싸우기로 했어요. 그러나 조선이 전쟁 준비도 하기 전, 청나라 군사 10만 명이 1636년 12월 8일 압록강을 건넜어요. 청나라는 불과 6일 만에 서울 근교 양철리(오늘날 서울 은평구 불광동 부근)까지 내려왔지요.

우왕좌왕하던 인조는 12월 15일에 남한산성으로 들어가 숨었어요. 하지만 당시 남한산성에는 우리 군사 1만 명이 1개월 동안 먹을 식량만 남아 있을 뿐이었어요. 더욱이 청나라 군사가 산성으로 통하는 모든 도로를 막자, 조선군은 추위와 식량 부족으로 병들고 굶어 죽기까지 했어요.

견디다 못한 인조는 1월 30일, 남색 군복을 입고 세자, 대신, 승지 등 500여 명의 신하들과 함께 남한산성에서 나와 삼전도에서 항복을 했지요. 전쟁이 끝났으나 조선은 청나라에 많은 공물(특산물 등을 바치는 것)을 보내야 했어요. 그리고 아들인 소현 세자와 세자빈, 봉림 대군 등 수많은 사람들이 청나라로 끌려갔어요.

하지만 소현 세자는 8년 동안 청나라의 인질로 잡혀 있으면서 청나라의 실체를 똑똑히 보았어요. 청나라는 조선이 생각하는 것처럼 미개한 오랑캐가 아니라 큰 나라의 풍모를 갖추고 있었어요. 게다가 서양 선교사들이 들

청나라에 있던 소현 세자는 독일 신부였던 아담 샬을 통해 서양의 학문과 종교에 대해 알게 되었어요.

어와 전해 준 화포, 망원경, 지구의 같은 과학 기기와 문물로 활기가 넘쳤지요. 소현 세자도 서양 선교사 아담 샬과 친하게 지내며 서양 문물을 배웠어요.

소현 세자는 청나라에 있는 동안, 단지 인질 신분에 머물러 있지 않았어요. 양국 간에 외교 문제가 발생하면, 조선을 대표해 청나라와 의논하는 외교관 역할을 했어요. 그러나 소현 세자가 두 나라 사이에서 많은 일을 하자 인조의 의심을 받기 시작했답니다. 인조는 이제 청나라가 반대로 자신을 그곳으로 불러들이고 소현 세자를 왕으로 삼을지도 모른다고 생각했거든요.

8년의 인질 생활을 마치고 소현 세자는 꿈에 그리던 고국으로 돌아왔어요. 하지만 인조는 냉랭하게 아들을 맞이했어요. 둘 사이에는 보이지 않는 갈등이 생겨났고, 소현 세자는 얼마 가지 못해 죽고 말았지요.

> 세자는 본국에 돌아온 지 얼마 안 되어 병을 얻었고 병이 난 지 수일 만에 죽었는데, 온몸이 전부 검은빛이었고 이목구비의 일곱 구멍에서는 모두 선혈(생생한 피)이 흘러나오므로, 검은 멱목(시체의 얼굴을 싸매는 헝겊)으로 그 얼굴 반쪽만 덮어 놓았으나, 곁에 있는 사람도 그 얼굴빛을 분별할 수 없어서 마치 약물에 중독되어 죽은 사람과 같았다. 그런데 이 사실을 바깥사람들은 아는 자가 없었고, 임금도 알지 못하였다.
>
> _『인조실록』 1645년 6월 27일

이러한 증상은 독살되었을 때 나타나는 것인데도 인조는 어의를 벌주지 않고 부랴부랴 장례를 끝내 버렸어요.

소현 세자가 죽은 뒤에 누가 세자 자리를 이었을까요? 당시 소현 세자에게는 아들이 셋 있었어요. 세자가 죽으면 당연히 이 아들 중 하나가 세손이 되어야 했지요. 그러나 인조는 자신의 둘째 아들 봉림 대군을 세자로 책봉했어요.

　얼마 뒤에는 소현 세자의 세자빈이었던 강 씨를 궁궐 밖으로 쫓아내고 사약을 내렸어요. 그리고 세 아들 역시 모두 제주도로 유배를 보냈어요. 그곳에서 둘은 병으로 죽고 한 명만 살아남았어요. 인조의 이러한 행동은 소현 세자가 독살되었을지도 모른다는 의심을 더욱 부추겼지요.

5 경춘전 ···› 대비가 머물던 곳

　환경전 서쪽에는 대비가 머무는 집인 경춘전이 있어요. 조선 제9대 임금 성종의 어머니 소혜 왕후, 제22대 임금 정조의 어머니 혜경궁 홍 씨, 제19대 임금 숙종의 계비인 인현 왕후가 생활하던 곳이지요. 특히 인현 왕후는 이곳에서 1701년 8월 14일 세상을 떠났어요. 인현 왕후에 대해 좀 더 알아볼까요?

　인현 왕후는 인경 왕후가 죽은 뒤 숙종의 왕비가 되었어요. 인현 왕후는 장 희빈과 함께 텔레비전 사극에서도 많이 볼 수 있는 인물이에요. 사극에서는 인현 왕후와 장 희빈이 숙종의 총애를 받기 위해 싸움을 하는 것으로 비추어지지요. 하지만 이는 실제로는 당시 정치 상황과 관련 있답니다.

　제19대 임금인 숙종은 현종의 맏아들로 14세에 왕위에 올랐어요. 어린 나이였지만 총명함과 카리스마를 갖추고 있어 수렴청정 없이 곧바로 나랏일을 시작했지요.

　숙종이 왕위에 올랐을 때 조정은 혼란스러운 상황이었어요. 신하들이 편을 갈라 제 이익을 위해 서로 싸웠거든요. 당시에도 남인과 서인이라는 정치 세력의 싸움은 계속되고 있었어요.

　숙종은 어린 나이였지만 왕권을 행사할 줄 아는 현명한 왕이었어요. 서인의 우두머리인 송시열의 힘이 너무 세다고 여긴 숙종은 그를 멀리 유배 보내고 남인 중심으로 나랏일을 해 나갔어요. 그러다 보니 다시 남인의 힘이 지나치게 커지게 되었지요.

　그래서 숙종은 1680년에 대대적인 조정 물갈이를 하면서 남인을 내치고 서인을 다시 데려왔어요.

경춘전
환경전 서쪽에 있는 대비들이 머물던 공간이에요. 소혜 왕후에, 혜경궁 홍 씨, 인현 왕후 등이 여기서 지냈지요.

힘을 잃은 남인은 권력을 되찾을 방법을 궁리했어요. 남인들은 꾀를 내어 역관으로 유명한 안동 장 씨 집안의 딸인 장옥정을 궁녀로 만들어 숙종 가까이 두었어요. 정비인 인경 왕후가 병으로 세상을 뜬 뒤라 적적하게 지내던 숙종에게 아름다운 장옥정이 눈에 띄었지요. 장옥정은 숙종의 총애를 받아 후궁이 되었어요.

　장옥정은 얼마 뒤 숙종이 그렇게도 바라던 아들을 낳았어요. 임금이 된 지 14년이 되도록 아들이 없던 숙종은 아들이 태어나자마자 곧바로 원자(임금의 정식 맏아들)로 정하고 장옥정을 희빈으로 삼아 신분을 높여 주었어요.

　그러자 서인들이 반대를 하며 들고 일어났어요. 송시열은 상소를 올려

숙종이 왕위에 올랐을 때 조정은 무척 혼란스러웠어요. 남인과 서인으로 신하들이 세력을 나누어 서로 싸웠거든요.

드라마에 자주 나오는 인현 왕후와 장 희빈 이야기 역시 남인과 서인의 세력 다툼으로 생각하면 돼요.

숙종

인현 왕후가 아직 젊으니 장옥정의 아들을 서둘러 원자로 삼아서는 안 된다고 했어요. 이에 숙종은 화를 내며 서인을 몰아내고 남인으로 정권을 다시 바꾸었지요.

그 뒤 송시열은 제주도로 유배되어 사약을 받았고, 인현 왕후도 궁궐 밖으로 쫓겨났어요. 조정은 다시 남인의 손에 들어가고 장 희빈은 중전이 되었지요. 하지만 얼마 뒤 또 남인의 힘이 커졌다고 판단한 숙종은 다시 서인을 데려왔어요.

인현 왕후는 궁궐로 돌아왔답니다. 하지만 끝내 자식을 얻지 못한 채 35세의 젊은 나이로 경춘전에서 세상을 떠났어요. 인현 왕후가 세상을 뜨자 숙종은 인현 왕후를 쫓아냈던 일을 뉘우치며 큰 슬픔에 잠겼다고 해요.

통명전 … 왕비의 침전

경춘전과 환경전을 지나 오른쪽으로 가면 왕비의 침전인 통명전이 있어요. 통명전은 정면 일곱 칸, 옆면 네 칸으로 창경궁의 내전 중에서 가장 큰 건물이에요. 다른 궁궐의 중궁전과 마찬가지로 통명전에도 용마루가 없어요. 통명전 서쪽 마당에는 샘이 있고 그 아래에 조그만 연못이 있어요. 이 연못은 샘물이 마당으로 넘치는 것을 막기 위해 만든 것이에요. 주위에 돌난간을 세우고 가운데에 돌다리를 놓아 아름답게 만들었지요.

통명전에는 장 희빈의 이야기가 얽혀 있어요. 인현 왕후가 죽은 뒤에 장 희빈이 인현 왕후를 저주한 적이 있었다는 게 밝혀졌어요. 1701년 9월 23일자 「비망기」라는 기록에 따르면 장 희빈이 하인 두세 명과 함께 인현 왕후를 해치기 위한 기도를 올렸다고 해요.

　게다가 중전이 머무는 통명전의 서쪽과 연못가 두 곳에 여자 인형과 붕어를 묻었고, 또 통명전 뒤쪽 계단 아래 두 곳에는 금단으로 싼 붕어, 새, 쥐 따위를 묻은 것으로 밝혀졌어요. 장 희빈이 이처럼 인현 왕후를 저주한 것이 알려지자 숙종은 크게 화를 냈어요. 아무리 세자의 친어머니라고 하지만 용서할 수가 없었지요. 숙종은 장 희빈에게 스스로 목숨을 끊으라고 명령했어요. 하지만 장 희빈이 말을 듣지 않자 사약을 내렸지요. 장 희빈은 사약을 받고 죽었지만 장 희빈의 아들은 숙종의 뒤를 이어 왕위에 올랐어요. 바로 조선의 제20대 임금 경종이에요.

통명전
창경궁의 내전 중에서 가장 큰 건물이에요. 왕비의 침전이지요.

통명전 서쪽에는 아름다운 마당과 연못, 돌다리가 놓여 있어요.

5장

한양 서쪽의 궁궐, 경희궁

경희궁은 도읍 한양의 서쪽에 있다고 해서 서궐로도 불렸어요. 경희궁과 그 역사 속으로 들어가 볼까요?

멍멍!

경복궁은 도읍 한성의 북쪽에 있어서 북궐로 불렸어요. 창덕궁과 창경궁은 동쪽에 있어서 동궐로 불렸고요. 그리고 경희궁은 서쪽에 위치해 서궐로 불렸답니다.

경희궁의 이름은 '경사스럽고 기쁘다'는 뜻을 지니고 있어요. 그러나 이 아름다운 궁궐은 일제 강점기를 거치면서 안타깝게도 대부분 훼손되고 말았답니다.

서대문과 가까이 있는 서궐

경희궁은 경복궁의 서쪽에 있는 궁궐로 조선 제15대 임금인 광해군 때 지어졌어요. 원래 이름은 경덕궁이었는데, 1760년에 경희궁으로 이름을 바꾸었어요. 경희는 '경사스럽고 기쁘다'는 뜻이에요.

경희궁 터는 원래 제14대 임금 선조의 다섯째 아들 정원군의 집이었어요. 광해군은 정원군의 집터에 왕의 기운이 서려 있다는 말을 듣고는 그 집을 빼앗아 궁궐을 지었다고 하지요.

광해군과 정원군은 형제이긴 했지만 어머니가 달랐어요. 선조는 원래 인빈 김 씨와의 사이에서 태어난 신성군을 가장 마음에 들어 했어요. 하지만 1592년 임진왜란이 일어나자 어린 신성군 대신 나이가 더 많은 광해군을 세자로 책봉했지요. 광해군은 의주로 피난 간 선조를 대신해 군량미와 군사

를 모으며 일본군을 물리치기 위해 노력했어요. 그리고 선조가 죽고 난 뒤에 제15대 임금이 되었어요. 하지만 후궁의 아들인 광해군을 임금으로 인정하지 않는 신하들도 있었지요. 광해군을 왕위에서 내쫓고 선조의 왕비였던 인목 대비가 낳은 영창 대군을 왕으로 삼으려는 움직임도 일어났어요.

이에 광해군은 영창 대군을 죽이고 인목 대비를 대비의 자리에서 내쫓아 경운궁에 가두었어요. 이 일을 빌미로 광해군은 임금의 자리에서 내쫓기게 되었어요. 그렇게 광해군은 경희궁을 지었으나 하루도 살아 보지 못했답니다.

제16대 임금 인조는 즉위한 처음에는 창경궁에 머물렀어요. 그런데 이괄의 난 때 창경궁이 불타자 경덕궁(경희궁)으로 거처를 옮겼고, 이때부터 경덕궁은 이궁의 역할을 톡톡히 했어요. 경희궁은 처음에는 경덕궁으로 불렸어요. 그러다 1760년 인조의 아버지 원종의 시호(칭송하는 이름)와 같다고 하여 경희궁으로 이름을 바꾸었지요.

경복궁은 한성(한양)의 북쪽에 있어서 북궐로 불렸어요. 창덕궁과 창경궁

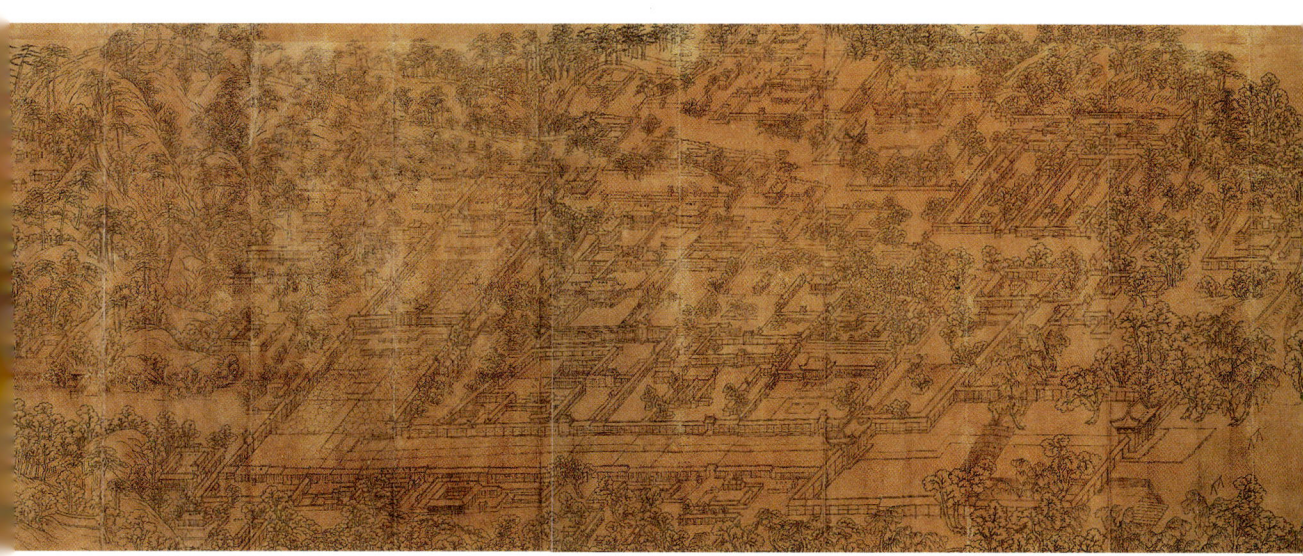

서궐도안
서대문 쪽에 가까이 있었던 경희궁은 서궐로 불렸어요. 「서궐도안」에는 당시 경희궁의 모습이 잘 담겨 있지요.

은 동쪽에 있어 동궐로 불렸고요. 그리고 서대문 쪽에 가까이 있었던 경희궁은 서궐로 불렸어요. 지금은 「북궐도」, 「동궐도」, 「서궐도」로 남아 있는 그림을 통해 당시의 모습을 만날 수 있지요. 일제 강점기를 거치며 대부분의 궁궐이 훼손되었는데, 「궁궐도」에 따라 복원해 나가면서 오늘날에는 조금씩 옛 모습을 찾아가고 있어요.

『궁궐지』라는 책을 보면 경희궁은 정치의 공간인 외전과 왕실의 생활 공간인 내전이 좌우로 나란히 놓여 있었어요. 또 동쪽을 향해 있었어요. 경복궁은 궁궐 안 모든 건물들이 남쪽을 향하고, 외전과 내전이 앞뒤로 놓여 있는데 반해 경희궁은 그러한 궁궐의 격식을 따르지 않고 자연 지형을 살려 자연스럽게 지었기 때문에 건물의 방향이 다양하답니다.

경희궁은 일제 강점기를 거치면서 가장 많이 훼손된 우리 궁궐 중 하나예요. 일제는 경희궁의 전각들을 헐고 이곳에 일본인을 위한 학교를 지었어요. 경희궁에는 많은 건물들이 있었지만 지금까지 남아 있는 건물은 숭정전과 흥화문, 황학정뿐이지요.

경희궁의 정전인 숭정전은 지금 동국대학교에서 법당으로 쓰이고 있고, 경희궁의 정문이었던 흥화문은 60년 넘게 이곳저곳을 떠돌았어요. 다시 경희궁의 정문으로 돌아온 지 그리 오래되지 않았지요. 경희궁 후원의 정자였던 황학정은 1890년에 처음 지어졌는데, 1923년에 어떤 사람에게 팔리고 말았어요. 그리고 지금은 종로구 사직동 사직 공원 뒤편으로 옮겨져 있어요.

한양의 어느 궁궐보다 슬픈 역사를 많이 지니고 있는 곳이 바로 경희궁이랍니다. 지금 경희궁은 복원 공사가 한창이에요. 정전인 숭정전과 왕의 집무실인 자정전, 그리고 임금의 조상들을 추모하던 태령전이 복원되어 있어, 옛 모습을 조금이나마 찾아볼 수 있답니다.

 이제 본격적으로 경희궁 여행을 떠나 볼까요? 이 지도를 참고해서 다음 페이지부터는 각각의 건물들과 건물 속에 숨겨진 역사 이야기를 만나 보아요.

한눈에 보는 경희궁

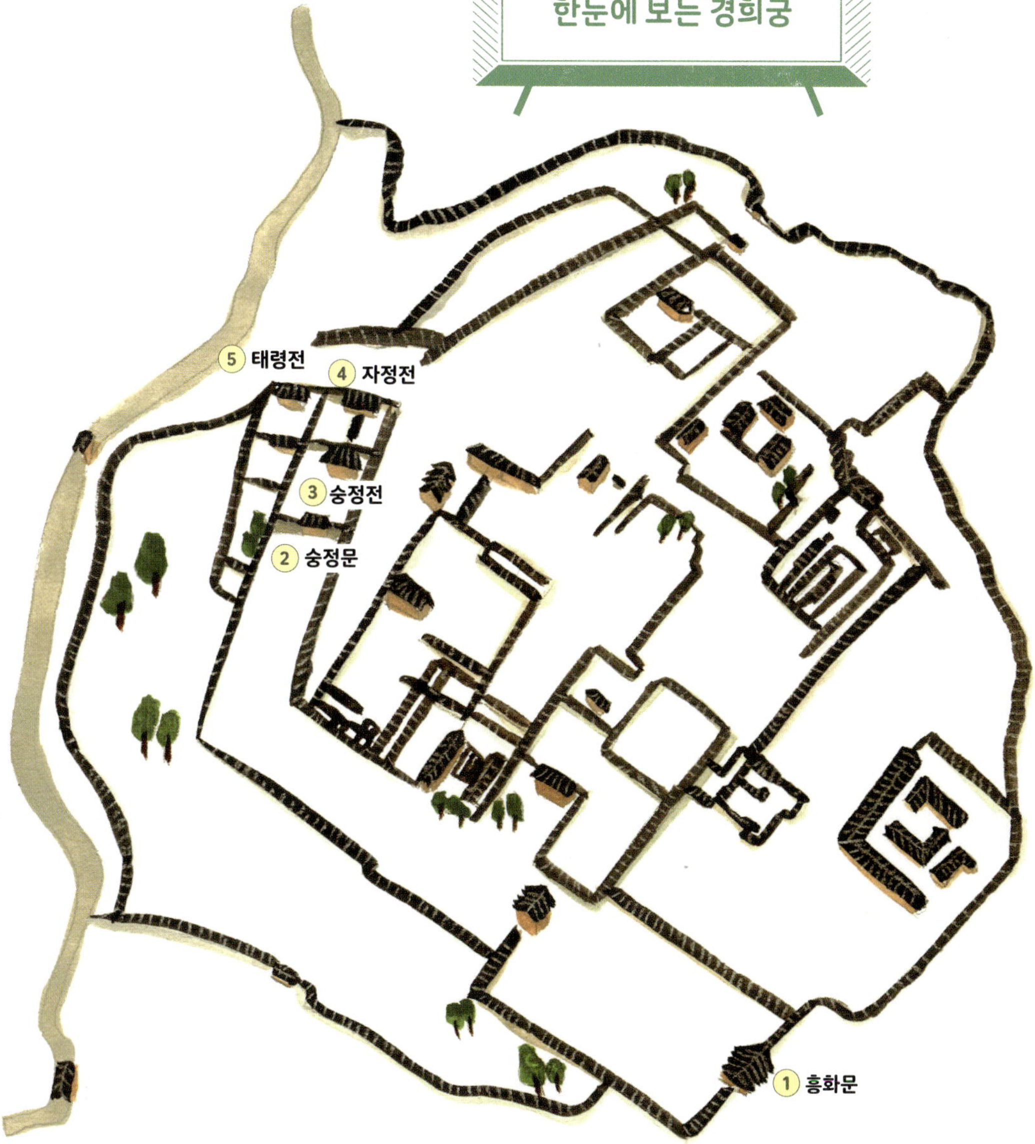

5 태령전
4 자정전
3 숭정전
2 숭정문
1 흥화문

재미있는 경희궁 기행

1 흥화문 ···▸ 일본이 훼손한 경희궁의 정문

경희궁의 정문은 흥화문이에요. 이 이름은 '백성을 좋은 방향으로 나아가게 한다'는 뜻이에요. 광해군 때 처음 지어진 흥화문은 우리 역사 속에서 여러 차례 수난을 당했지요.

1932년, 일본은 조선을 식민지로 만드는 데 앞장선 일본의 정치가 이토 히로부미를 기리는 사당을 지었어요. 바로 서울 장충동에 세운 박문사예요. 그러면서 경희궁의 흥화문을 떼어다가 그곳의 정문으로 삼았지요.

흥화문
경희궁의 정문이에요. 일제 강점기 여기저기 옮겨지면서 원래의 모습을 많이 잃어버렸어요.

광복을 맞은 다음에도 흥화문의 시련은 끝나지 않았어요. 다시 신라호텔 영빈관의 정문으로 쓰이다가 1988년에서야 경희궁으로 돌아왔어요. 그러나 경희궁 터에는 그동안 다른 건물이 많이 들어섰기 때문에 결국 원래 자리로 돌아갈 수는 없었지요.

흥화문 안에 있어야 할 금천교는 지금 서울역사박물관 앞쪽에 있어요. 금천교의 위치로 보면 옛날에는 이 자리가 모두 경희궁이었음을 알 수 있

금천교
보통 궁궐의 정문 안쪽에 있어야 하지만 경희궁의 금천교는 서울역사박물관 앞에 있어요. 이 위치로 보아 이 자리가 모두 경희궁이었음을 알 수 있지요.

> 일본은 금천교를 땅에 묻어 두었어요. 오랜 시간이 흘러 2001년이 되어서야 다시 제 모습을 찾게 되었지요.

서수

귀면

홍예

지요.

　돌다리 아래 두 개의 홍예가 있고 홍예 사이에는 귀면이 있어요. 귀면 위 장대석 밑에는 서수가 새겨져 있고, 난간의 양 끝 기둥에도 작은 서수가 있어요. 일본은 이 금천교를 땅에 묻어 두었는데, 2001년에야 다시 제 모습을 찾게 되었답니다.

2 숭정문 ⋯▶ 여러 임금이 왕위에 오른 곳

　흥화문을 지나면 숭정문이 보여요. 숭정문을 들어서면 정전인 숭정전이 나오지요. 숭정문에서는 조선 제20대 임금 경종, 제22대 임금 정조, 제24대 임금 헌종이 왕위에 올랐어요. 그 이야기를 들어볼까요?

숭정문
정전인 숭정전으로 들어가는 문이에요. 경종, 정조, 헌종 등의 임금이 여기서 왕위에 올랐지요.

1720년 6월 8일, 제19대 임금 숙종이 경희궁 융복전에서 세상을 떠나자 6일 뒤인 13일, 숭정문에서 조선의 제20대 임금 경종이 왕위에 올랐어요. 경종은 상복을 벗고 면복(임금의 최고 예복)을 갖춰 입었지요. 경종이 정문의 중앙에 있는 왕의 자리, 어좌에 앉자 모든 신하들이 머리를 조아리고 '천세, 천세, 천천세'를 외쳤어요.

나 경종은 이곳 숭정문에서 왕위에 올랐어. 정치 세력들 사이에 끼어 힘든 시간을 보낸 왕이지.

경종은 왕위에 오르기까지 어머니 장 희빈의 일로 마음고생이 심했어요. 경종은 숙종의 맏아들로, 태어난 지 두 달 만에 원자가 되었지요. 숙종에게는 인경 왕후, 인현 왕후, 인원 왕후, 장옥정(장 희빈)까지 네 명의 왕비가 있었어요. 하지만 이 중 장옥정만이 아들(경종)을 낳았어요.

그 뒤 경종은 세 살 때 세자로 책봉되었고, 어머니 장옥정은 인현 왕후가 쫓겨난 뒤 왕비가 되었어요. 그러나 5년 뒤, 인현 왕후가 다시 궁궐로 돌아오면서 장옥정은 다시 희빈으로 신분이 내려갔지요. 하지만 인현 왕후는 궁궐로 들어온 지 7년 만에 35세의 젊은 나이로 세상을 떠났답니다.

인현 왕후가 죽은 다음 장 희빈 역시 사약을 받았어요. 인현 왕후가 살아 있을 때 사당을 차리고 인현 왕후를 저주했기 때문이었지요. 이때 세자의 나이가 14세였어요. 울면서 어머니를 살려 달라고 애원하던 세자는 그것이 충격이 되어 마음의 병을 얻었어요.

숙종의 뒤를 이어 33세의 경종이 왕위에 오르긴 했지만 건강이 안 좋았어요. 이처럼 임금이 강한 모습을 보이지 못하자 임금을 지지하는 쪽과 그와 반대되는 정치 세력 사이에 갈등이 시작되었지요.

경종은 왕위에 오르기까지, 또 왕위에 올라서도 정치 세력 사이의 다툼 속에서 어려움을 겪었어요.

    반대파는 경종이 젊었음에도 연잉군을 세제(다음 왕위를 이을 왕의 아우)로 책봉했어요. 그러고는 그것도 모자라 경종을 대신해 연잉군이 정치를 해야 한다고까지 했지요.

    경종은 나랏일을 계속했지만 결국은 병이 나서 자리에 눕고 말았어요. 그리고 왕위에 오른 지 4년 만에 갑자기 세상을 떠났어요. 그러자 이복동생 연잉군(영조) 쪽에서 경종을 죽인 게 아니냐는 의심을 하는 사람이 많았답니다.

숭정전 ⋯ 경희궁의 정전

숭정문을 들어서면 정면에 경희궁의 정전인 숭정전이 보여요. 숭정전 앞마당에는 다른 정전과 마찬가지로 넓적한 돌인 박석이 깔려 있고 어도 양쪽으로 품계석이 늘어서 있어요. 이 앞마당에서 신하들은 품계에 맞게 늘어서서 경종, 정조, 헌종의 즉위를 축하하며 예를 올렸을 거예요.

숭정전은 2단의 월대로 되어 있어요. 월대 계단 중앙에는 봉황이 새겨진 답도가 있어요. 답도 양옆 계단은 당초문으로 장식되어 있지요.

숭정전은 단층으로 복원되었어요. 원래의 숭정전은 지금 동국대학교에서 정각원이라는 법당으로 사용하고 있답니다. 일제 강점기에 숭정전이 조계사에 팔렸기 때문에 지금까지 조계종에 속해 있는 동국대학교가 사용하고 있는 거예요.

숭정전
경희궁의 정전이에요. 원래의 숭정전은 일제 강점기를 거치며 조계종에 팔렸고, 지금은 새로 복원되어 있어요.

숭정전 내부

숭정전 내부에는 전돌(흙을 구워 만든 벽돌)이 깔려 있고 중앙의 어좌 뒤에는 일월오봉병이 놓여 있어요. 천장에는 경복궁 근정전과 같이 7개의 발톱을 가진 칠조룡이 조각되어 있어요.

숭정전에서는 임금의 즉위식 외에도 조회, 궁중 연회, 사신 접대 등의 공식 행사가 열렸어요.

4 자정전 … 임금이 신하들과 정치를 의논하던 편전

숭정전의 북쪽 문인 자정문으로 들어가면 자정전이 있어요. 자정전은 앞면 세 칸으로 된 아담한 건물로, 앞쪽에 단층으로 된 월대가 놓여 있어요. 내부에는 전돌이 깔려 있고, 주위로는 행각이 둘러쳐져 있지요.

자정은 '정사를 돕는다'는 뜻으로, 자정전은 임금이 신하들과 회의를 하거나 경연이 이루어지던 편전이에요. 이곳에서 조선 제21대 임금 영조는 매일 아침 신하들을 만나 나랏일을 보고 받고 어떻게 할지 의논했어요. 1741년 8월 1일에는 함경도 관찰사로 있다가 막 돌아온 박문수를 만나 북쪽 지역의 사정을 보고 받았어요.

자정문

자정전
임금이 신하들과 회의를 하거나 경연이 이루어지던 편전이에요. 암행어사로 유명한 박문수가 임금 영조를 만나던 장소이기도 하지요.

자정전에서 상참(매일 아침 국왕을 뵙고 조회하던 것)을 했다. 영성군 박문수를 만났는데, 박문수가 막 함경도 관찰사로 지내다 왔기 때문이었다. 임금이 북도의 일을 물으니, 박문수가 대답했다.

"함흥은 기유년(1729년)의 물난리 이후부터 냇물이 범람하여 둑이 터져서, 밭과 들판이 모래와 자갈밭이 되었습니다. 만약 그대로 둔다면 마을이 물에 잠길 것입니다. 마땅히 관원을 보내 서너 고을의 백성들을 모아 둑을 고쳐 쌓아야 합니다." 이에 임금이 그대로 따랐다.

_『영조실록』, 1741년(영조 17) 8월 1일

1729년에 홍수가 난 이후부터 함흥 지역의 냇물이 계속 넘치고 둑이 터지자 박문수는 다시 홍수가 날 것을 대비해 하천 둑을 고쳐야 한다고 임금께 말했어요. 영조는 바로 허락했지요.

박문수는 영조 때의 충신으로 나라 곳간이나 군대에 관한 일 등을 관리하고 개혁하는 데 힘을 보탰어요. 하지만 우리에게는 암행어사로 더 유명하지요.

암행어사는 임금의 명령을 받아 몰래 지방의 벼슬아치들을 살피고, 잘못이 있으면 이를 고발하던 사람이에요. 암행어사는 임금이 직접 정할 정도로 믿음직한 사람이 선발되었지요.

박문수가 암행어사를 한 기간은 얼마 되지 않아요. 하지만 이 기간 동안 나쁜 관리를 벌주고 굶주린 백성을 도와주어 박문수는 암행어사의 전설이 되었어요.

오늘날까지도 박문수를 신으로 모시고 매년 제사를 지내는 마을이 있다고 해요.

5 태령전 ···▶ 임금의 조상에게 제사를 지내는 곳

자정전을 바라보고 서서 왼쪽을 보면 태령전이 있어요. 태령은 '모든 것이 잘되어 가고 편안하다'는 뜻이에요. 이곳은 임금의 조상들을 받드는 곳이지요.

태령전은 2단으로 된 월대 위에 지어졌지만 월대를 오르는 계단에는 아무런 조각도 없어요. 태령문과 태령전의 현판은 복원하면서 명필로 유명한 한석봉의 글씨를 한자씩 모아서 만들었어요. 지금 이 건물 안에는 영조의 어진이 보관되어 있답니다.

태령전 뒤에는 서암이라는 큰 바위가 있고, 그 아래 암천이라는 샘이 있어요. 서암은 '상서로운 바위'라는 뜻인데, 원래 이름은 왕암이었어요. 경희궁이 지어진 이곳 터에 왕의 기운이 서린다는 소문이 나게 된 것도 모두 이 바위 때문이라고 해요.

1773년 11월 12일 영조는 오시(오

영조 어진
영조의 어진이에요. 어진은 임금의 초상화를 말해요.

태령전
임금의 조상들을 받드는 곳이에요. 영조의 어진도 이곳에 보관되어 있지요.

전 11시부터 오후 1시) 경연에서 『대학』을 읽은 다음 신하들에게 서암을 살펴보고 와서 시를 지어 올리라고 했지요. 그리고 자신이 앞에 넣을 서문을 짓는 모범을 보였어요.

영조 때에는 '서암'이라는 글자까지 새긴 사방석을 두었는데, 지금은 사라졌어요. 하지만 오늘날까지 서암은 경희궁의 가장 북쪽, 인왕산 자락과 만나는 곳에 자리 잡고 있지요.

옛날 광해군이 이 돌에 왕의 기운이 서렸다는 이야기를 믿었을 만큼 바위는 무척 크고 특이해요. 일제 강점기에 경희궁의 옛 모습은 많은 부분 사라졌지만 이 바위만은 그대로 남아 옛날 경희궁을 거쳐 갔던 왕들의 위엄을 고스란히 보여 주고 있답니다.

서암
왕의 기운이 서린다는 이야기가 깃든 바위예요. 지금도 그대로 남아 경희궁이 복원되는 데 큰 역할을 하고 있지요.

6장

대한 제국의 황궁, 덕수궁

경운궁이 오늘날 덕수궁이에요. 이곳도 일제 강점기를 거치며 많은 수난을 겪었지요. 덕수궁과 그 역사 속으로 들어가 볼까요?

멍멍!

덕수궁은 조선 제9대 임금 성종의 형이 살던 집이었어요. 그러다 1592년 임진왜란이 일어나 모든 궁궐이 불타자 제14대 임금 선조가 이곳을 임시 궁궐로 삼았지요. 그리고 나중에 광해군 때에 와서 경운궁이라는 이름을 얻게 되었답니다.

시간이 흘러 일제 강점기에 고종 황제는 일본에게서 강제로 임금의 자리를 빼앗겼어요. 고종을 이은 순종은 이곳에 지내던 아버지를 위해 '덕을 찬양하고 장수를 기원한다'는 뜻으로 덕수궁이라는 이름을 붙였어요.

경운궁에서 이름이 바뀐 덕수궁

개인의 집이었던 이곳이 경운궁으로 불린 것은 제15대 임금 광해군 때부터예요. 1592년 임진왜란이 일어나 일본군이 하루 만에 부산을 점령하고 한양까지 올라오자 선조는 부랴부랴 피난을 떠났어요. 전쟁이 끝나 다시 돌아왔을 때는 모든 궁궐이 불타고 없었지요. 선조는 월산 대군의 후손이 살던 이곳을 임시 거처로 삼고, 정릉동 행궁이라 불렀어요. 그리고 1611년 광해군이 창덕궁으로 거처를 옮긴 뒤부터 경운궁이라 불리게 되었지요.

그러다 고종 황제가 일본에게서 강제로 임금의 자리를 빼앗긴 뒤, 경운궁은 덕수궁이란 이름을 얻었어요. '덕을 찬양하고 장수를 기원한다'는 뜻으로 순종 황제가 아버지 고종을 위해 올린 이름이지요.

 이제 본격적으로 덕수궁 여행을 떠나 볼까요? 이 지도를 참고해서 다음 페이지부터는 각각의 건물들과 건물 속에 숨겨진 역사 이야기를 만나 보아요.

한눈에 보는 덕수궁

- ① 대한문
- ② 중화문
- ② 중화전
- ③ 석어당
- ④ 즉조당
- ⑤ 준명당
- ⑥ 정관헌
- ⑦ 덕홍전
- ⑦ 함녕전

* 중명전은 덕수궁 밖, 정동극장 뒤편에 자리 잡고 있어요.

재미있는 덕수궁 기행

1 대한문 ⋯ 덕수궁의 정문

지금 덕수궁의 정문은 대한문이에요. 대한문은 원래는 덕수궁의 동문이었어요. 대안문으로 불렸지요. 원래 덕수궁의 정문은 남쪽으로 난 인화문이었어요. 그런데 동문인 대안문 앞쪽에 길이 생겨나고, 조선이 대한 제국으로 바뀌면서 대안문이 정문 역할을 대신하게 되었어요. 황제가 하늘에 제사를 드리던 곳인 환구단도 동쪽에 있어 그것이 편리했지요.

대한문
덕수궁의 동문이었으나 조선이 대한 제국으로 바뀌면서 정문의 역할을 하게 되었어요.

대안문은 '나라와 백성이 크게 평안한 문'이라는 뜻이에요. 대안문은 1906년 4월 크게 수리되면서 이름도 대한문으로 바뀌었어요.

그러나 일제 강점기에 문의 위치가 달라졌어요. 1914년 일제가 도로를 만든다며 문 오른쪽에 있던 건물과 담장을 허물었고, 대한문도 궁 안쪽으로 옮겼지요. 그리고 1970년에 다시 궁궐 쪽으로 옮겨져서 지금의 위치에 자리 잡게 되었어요.

대한문을 들어서면 왼쪽에 하마비가 있어요. 하마비에는 '대소인원개하마(大小人員皆下馬)'라고 쓰여 있어요. 신분이 높든 낮든 누구나 말에서 내려 걸어야 한다는 뜻을 새긴 거예요.

하마비를 지나면 금천이 흐르고 그 위에 금천교가 있어요. 금천교에 흐르는 물은 궁궐 안으로 들어가는 나쁜 기운을 막아 준다는 의미가 있답니다.

하마비
하마비는 보통 궁궐이나 종묘 문 앞에 세우는데, 아마도 덕수궁의 영역이 축소되면서 현재 자리로 옮겨진 것 같아요.

2 중화전과 중화문 ⋯ 덕수궁의 정전과 정전으로 향하는 문

　금천교를 건너 곧장 가면 오른쪽으로 중화문이 보여요. 중화문은 덕수궁의 정전인 중화전으로 들어가는 문이에요. 그런데 다른 궁궐의 문과 다르게 행랑이 없어요. 원래는 좌우가 모두 행랑으로 연결되어 안쪽이 보이지 않게 막혀 있었는데, 지금은 문만 덩그러니 서 있지요.

　중화문은 임금의 즉위식이나 세자의 책봉식이 열리는 공간이었답니다. 하지만 이곳에서 즉위식을 가진 임금은 한 명도 없었어요.

　중화문을 들어서면 바로 앞에 중화전이 보여요. 중화전은 1902년에 지은 덕수궁의 정전이에요. 경복궁의 정전은 근정전이고, 창덕궁의 정전은 인정전, 창경궁의 정전은 명정전, 경희궁의 정전은 숭정전이에요. 다른 궁궐의 정전 이름은 이름 뒷부분이 반복되는데, 덕수궁의 정전만 중화전이에요. 이는 중화전이 대한 제국의 정전으로 지어졌기 때문이에요. 중화전의

중화문
덕수궁의 정전으로 들어가는 문이에요. 다른 궁궐과 다르게 좌우에 행랑이 없고 문만 덩그러니 남아 있어요.

중화전
덕수궁의 정전이에요. 대한 제국의 정전으로 지어졌기 때문에 이름 뒷부분이 다른 궁궐과 달라요.

드므

정

중화는 '지나치거나 치우치지 아니하다'는 뜻이랍니다.

중화전은 원래 밖에서 보면 2층이지만 안에서 보면 1층이에요. 1904년 덕수궁의 침전인 함녕전에서 시작된 불로 덕수궁이 잿더미가 된 적이 있는데, 그때 중화전도 훼손되었어요. 1906년 다시 건물을 세울 때는 지금처럼 단층의 팔작지붕으로 단순하게 지었어요. 당시 대한 제국의 경제 사정이 건물을 갖추어 지을 정도로 넉넉하지는 않았거든요.

중화전 앞마당에는 삼도와 박석, 품계석도 놓여 있지요. 2단의 월대로 올라가는 길에 답도가 있는데, 답도 안에는 두 마리의 용이 새겨져 있어요. 용은 황제를 상징하는 동물이에요. 대한 제국의 위상에 맞게 중화전을 지으면서 답도에 용을 새겨 넣은 것이지요.

월대 모서리에는 드므가 놓여 있는데, 왼쪽 드므에는 희성수만세(성스러운 임금의 수명이 영원하길 기원함), 오른쪽 드므에는 국태평만년(나라가 태평하게 영원히 지속되기를 기원함)이라 쓰여 있어요. '만세'는 원래 황제에게만 쓸 수 있는 말이에요. 임금에게는 '천세'를 쓰지요. 조선 시대 임금에게 인사를 드릴 때에는 천세를 불렀어요. 그런데 대한 제국을 선포하고 고종이 황제가 되면서 만세를 부르게 되었지요.

월대 위에 있는 정의 다리에도 용이 조각되어 있고, 또 중화전 내부의 천장에도 역시 두 마리 황금색 용이 새겨져 있어요. 안에는 어좌가 있고 어좌 뒤에는 일월오봉병이 놓여 있지요.

이곳 중화전에서는 1907년 7월 20일 고종 황제가 황태자에게 황위를 물려주는 양위식이 열렸어요. 고종 황제가 일본의 강요에 못 이겨 바로 전날 황태자에게 대리청정을 시킨다고 발표했는데, 이것이 순종에게 황위를 물려주는 양위식으로 바뀐 거예요. 물론 이날 양위식에는 고종 황제도 황태자도 나오지 않았어요. 일본 군사 200여 명이 중화전을 포위하고는 내시 두 명이 황제와 황태자 역할을 맡아 양위식을 가졌지요.

이처럼 일본이 고종을 강제로 황제에서 물러나게 한 것은 헤이그 특사 때문이었어요. 고종은 1907년 4월, 네덜란드의 헤이그에서 열리는 만국 평화 회의에 이준, 이상설, 이위종 이렇게 세 명의 신하를 특사로 보냈어요. 1905년에 조선이 일본과 맺은 을사늑약은 일본의 강요일 뿐이고, 대한 제국의 황제는 이 조약에

나 고종은 일본의 강요에 못 이겨 중화전에서 황제의 자리에서 물러나게 되었어.

서명한 적이 없음을 전 세계에 알리려고 한 것이었지요.

　세 명의 특사는 굳은 각오로 네덜란드도 떠났지만 미국과 영국은 오히려 일본 편을 들었어요. 또 다른 나라들은 대한 제국의 문제에 끼어들지 않으려 했고요.

　이 일을 전해들은 일본의 이토 히로부미는 고종을 강제로 황제의 자리에서 내쫓고 순종을 황제로 삼았어요.

석어당 ···▶ 임금 선조가 사용하던 건물

　중화전 뒤쪽에는 단청을 하지 않아 아름다운 나무 색을 그대로 지닌 2층 건물이 있어요. 석어당이에요. 이 건물은 조선 시대 궁궐의 건물 중 유일한 2층이랍니다. 1층으로 난 계단을 올라가면 2층에 다다르지요.

　석어당은 '옛날 임금의 집'이란 뜻으로, 조선 제14대 임금 선조가 사용하던 건물이에요. 선조가 임진왜란 때 피난을 갔다가 돌아와서는 이곳에 머물렀다고 붙여진 이름이지요.

석어당

이곳은 선조의 비인 인목 대비가 갇혀 있던 곳이기도 해요. 선조의 첫 왕비인 의인 왕후는 아들이 없었어요. 임진왜란이 끝나고 얼마 뒤 의인 왕후가 돌아가시자 선조는 광해군보다 9살이나 어린 소녀를 왕비로 맞았는데, 바로 인목 왕후였어요. 젊은 왕후는 4년 뒤 영창 대군을 낳았지요. 선조의 기쁨은 이루 말로 표현할 수 없을 정도였어요. 선조는 세자를 광해군에서 영창 대군으로 바꾸고 싶은 욕심이 생겼어요.

더욱이 광해군은 후궁이 낳은 아들이었어요. 광해군은 왕이 되기에 충분하다고 널리 인정받았지만 서자라는 약점 때문에 제대로 대우를 받지는 못했어요. 그런데 임진왜란이 터지면서 광해군이 비로소 세자가 된 것이었지요. 전쟁 동안 세자는 선조를 대신해 몸을 사리지 않고 싸웠어요. 가는 곳

선조

마다 의병들을 격려하고 백성들을 위로해 주었고요. 피난을 떠나 있던 선조는 그런 광해군의 활약을 전해 들으며 안도했지만 한편으로는 자신의 위치가 불안해진다고 생각했어요.

그러던 중 영창 대군이 태어나자 선조는 드러내 놓고 광해군을 못살게 굴기 시작했어요. 그러나 선조는 병이 들어 어쩔 수 없이 광해군에게 임금의 자리를 넘겨 주었지요. 1608년, 우여곡절 끝에 결국 광해군이 조선의 제15대 임금이 되었어요.

당시는 임진왜란으로 무너진 나라의 기강을 바로잡고 백성이 먹고사는 일을 살뜰히 돌보는 지혜로운 왕이 필요했어요. 광해군은 여기에 맞춰 여러 가지 개혁을 펼쳤지요. 하지만 서자이다 보니 왕권을 위협하는 것들이 여전히 있었어요. 형인 임해군과 동생 영창 대군도 문제였지요.

결국 광해군은 자기편이었던 신하들의 말을 들어 영창 대군을 죽이고, 영창 대군의 어머니인 인목 대비는 석어당에 가두었어요. 이때부터 경운궁은 서궁이라 불렸지요.

한편 당시 나라 밖으로는 여진족이 후금이라는 나라를 세우고 조선을 위협하고 있었어요. 얼마 뒤 후금은 중국 대륙의 명나라를 압박할 정도로 크게 성장했지요. 이미 전쟁을 겪어 보았던 광해군은 다시는 조선에서 전쟁이 일어나서는 안 된다고 생각했어요. 그래서 화포를 제작하고, 신무기를 개발하는 등 나라를 지키려고 노력했어요.

또 명나라보다 더 힘이 세진 후금의 공격을 피하기 위해 두 나라 중 어느 편도 들지 않는 실리 외교를 펼치기도 했답니다.

하지만 이러한 노력들은 나중에 광해군이 임금의 자리에서 쫓겨나는 빌미가 되고 말았어요. 동생을 죽이고 어머니를 가두었으며, 임진왜란 때 군사를 보내 도와준 명나라를 배반했다는 게 그 이유였지요.
 광해군이 이렇게 임금의 자리에서 쫓겨나고, 인조가 다음 임금의 자리에 올랐어요. 그러나 인조와 그 신하들은 후금이 세운 청나라를 멀리만 하다가 두 번이나 침략을 받게 되었답니다. 세상이 변했다는 현실을 무시한 채 명나라와의 관계만 생각했던 결과는 참혹했어요.

4 즉조당 … 인조가 왕이 된 곳

 석어당 왼쪽에는 즉조당이 있어요. '즉조'는 임금의 자리에 나아간다는 뜻이에요. 이곳은 영조 이전까지는 '서청'이라고 부르다가 영조 때 인조가 이곳에서 임금의 자리에 올랐다고 해서 즉조당이라고 이름을 고쳤어요.
 이곳은 1902년에 중화전이 세워지기 전까지 덕수궁의 정전으로 사용되

었답니다. 바로 여기서 조선 제15대 임금 광해군이 왕위에 올랐어요. 하지만 1623년 광해군의 조카 능양군(인조) 역시 광해군을 몰아내고 바로 여기서 임금의 자리에 올랐어요. 즉조당은 이처럼 광해군과 인조의 운명이 엇갈린 역사의 현장이랍니다. 1904년에 불이 나 타 버렸지만 고종 황제는 이를 매우 안타까워하며 건물을 새로 짓고 직접 현판을 써서 걸었어요. 현판에는 '어필'이라 쓰여 있어 고종이 직접 썼음을 드러내고 있지요.

5 준명당 … 덕혜 옹주의 유치원

즉조당의 바로 왼쪽에 붙어 있는 건물이 준명당이에요. 이곳은 고종 때 어진을 모시는 곳으로 쓰였고, 외국 사신을 만나는 장소이기도 했지요. 함녕전이 지어지기 전에는 임금이 잠자는 침전으로도 쓰였고요.

즉조당(오른쪽)과 준명당(왼쪽)
옛날 정전으로 쓰였던 즉조당과 외국 사신을 만나던 곳인 준명당이 서로 붙어 있어요.

고종이 직접 쓴 즉조당 현판

1916년 4월 1일에는 고종이 6살 된 외동딸 덕혜 옹주를 위해 이곳에 유치원을 만들었어요. 고종은 덕혜 옹주를 보러 자주 이곳에 들렀어요. 함께 공부하는 친구들에게 붓과 먹을 내려 주기도 했지요.

덕혜 옹주는 고종이 61세의 늦은 나이에 낳은 외동딸이었어요. 고종은 딸을 무척 사랑했지요. 하지만 1919년 고종 황제가 돌아가시자 얼마 뒤 덕혜 옹주는 일본으로 유학을 떠났어요. 14세의 어린 나이에 낯선 일본 땅으로 건너간 덕혜 옹주는 외로움과 심한 따돌림 속에서 힘겹게 하루하루를 보냈지요.

19세에 어머니마저 돌아가셔서 기댈 곳이 없었던 덕혜 옹주는 얼마 뒤 일본인과 강제로 결혼해야 했어요. 결혼 생활은 행복하지 못했고, 오랫동안 외로움과 고통을 겪었던 덕혜 옹주는 마음의 병을 얻었어요. 그리고 결국 정신 병원에 입원하게 되었지요.

우리나라가 일본의 지배에서 벗어난 다음에도 덕혜 옹주는 돌아오지 못했어요. 당시 대통령이었던 이승만은 일본에 있는 황제의 자손들을 돌보지 않았지요. 덕혜 옹주는 1962년이 되어서야 우리나라로 돌아왔지만 병이 깊어져 사람을 못 알아볼 정도였어요.

덕혜 옹주는 창덕궁 낙선재에서 남은 생을 보내다 1989년 세상을 떠났답니다.

덕혜 옹주

6 정관헌 … 고종이 차를 마시던 곳

준명당과 즉조당 왼쪽으로 걷다가 조금 위로 올라가면 정관헌이 있어요. 정관헌은 러시아 건축가 사바틴이 동양과 서양의 양식을 서로 어울리게 해서 지은 건물이에요. 안쪽으로는 로마네스크식 돌기둥을 둘렀고 바깥쪽으로는 베란다를 만들었어요. 베란다는 기둥이 서양식이지만 용이나 박쥐, 꽃병 등 우리나라 전통 문양을 새겼어요. 베란다 앞의 난간에도 사슴, 소나무 등 전통 문양을 조각해 두었고요.

이곳에서 고종 황제는 커피를 즐겼고, 다른 나라의 신하들을 만나기도 했어요. 고종 황제는 러시아 공사관에 있을 때 커피를 처음 마신 뒤로 커피 마시는 것을 좋아했대요. 커피는 당시 서양 사람들이 끓인 검고 쓴 맛을 내는 국이라고 해서 '양탕국'이라고 불렀어요. 커피라는 영어 발음을 한자로 바꾸어 '가배차'로 부르기도 했답니다.

정관헌

7 덕홍전과 함녕전 ···› 임금이 신하를 만나던 곳과 고종의 침전

정관헌 앞쪽으로는 덕홍전과 함녕전이 있어요. 덕홍전은 안에 전돌이 깔려 있고 천장에는 봉황 문양의 단청이 곱게 칠해져 있어요. 서양식 샹들리에도 달려 있는 이 건물에서 고종은 관리나 외국 신하들을 만났어요.

덕홍전과 나란히 있는 건물이 고종의 침전이었던 함녕전이에요. 가운데 대청마루를 사이에 두고 양쪽에 온돌방이 있어요. 함녕전은 고종이 러시아 공사관에서 돌아와서 지은 건물로, 줄곧 이곳에서 살았어요. 함녕전의 정문은 광명문이에요. 지금 이 문은 미술관 쪽으로 옮겨져 자격루와 흥덕사종, 신기전을 보관하는 건물로 사용되고 있어요.

1897년 함녕전의 대청마루에는 전화선이 연결되어 있었어요. 『백범일지』를 보면 이곳의 전화는 백범 김구가 사형을 당하기로 한 날 사흘 전에 놓였다고 해요.

백범 김구는 1895년 명성 황후가 일본에게 목숨을 잃자 크게 분노했어요. 그리고 일본 군인을 죽이고 말았지요. 김구는 당당하게 붙잡혀 감옥에 갇혔고 사형을 선고받았어요.

김구가 사형을 당하게 된 날, 고종은 김구가 국모의 원수를 갚기 위해 일본군을 죽였다는 사실을 알았어요. 고종은 곧바로 감옥에 전화를 걸어 사형을 하지 말도록 했어요. 이때 고종이 목숨을 살려

덕홍전
고종이 관리나 외국 신하들을 만나던 곳이에요. 서양식 샹들리에가 달려 있고, 단청도 곱게 칠해져 있지요.

함녕전
고종의 침전이에요. 김구가 사형을 당하게 된 날, 고종은 이곳에서 전화를 걸어 김구의 사형을 막았다고 해요.

준 덕분에 김구는 그 뒤 독립을 위해 모든 것을 바칠 수 있었지요.

1919년 1월 21일, 고종 황제는 함녕전에서 세상을 떠났어요. 그리고 얼마 뒤부터 고종 황제가 일본에 독살되었다는 소문이 퍼졌지요.

고종의 장례일은 3월 3일로 정해졌어요. 고종의 장례식을 보기 위해 전국에서 사람들이 몰려들었지요. 울분에 찼던 백성들은 결국 3월 1일 탑골 공원에서 독립 선언서가 낭독되자 독립 만세를 외치기 시작했어요. 이날부터 거의 1년간 전국적으로 만세 운동이 일어났답니다. 그렇게 우리 민족의 독립 의지가 세계에 널리 알려졌어요.

8 중명전 ···▶ 황실 도서관이자 고종의 집무실

중명전은 덕수궁 밖에 있어요. 대한문을 바라본 방향에서 왼쪽 돌담을 끼고 걸어가면 정동극장 뒤편에 중명전이 있어요. 중명전은 1901년 지어진, 궁궐 내 최초의 서양식 건물이에요.

중명전
황실 도서관으로 쓰이다가 나중에는 고종의 집무실로, 다른 나라 신하들을 만나는 장소로 쓰였어요.

이 서양식 건물 역시 러시아 건축가 사바틴이 설계했어요. 처음에는 '수옥헌'이라 불리며 황실 도서관으로 쓰였지요. 그런데 1904년 덕수궁에 큰불이 나 침전인 함녕전을 비롯한 여러 곳이 불에 타자 고종은 임시로 이곳으로 거처를 옮겼어요. 이때부터 이곳은 고종의 집무실로, 다른 나라 신하들을 만나는 장소로 이용되었지요.

중명전은 우리 민족에게 있어서 비극의 현장이기도 해요. 1905년 11월 17일 이곳에서 우리나라의 외교권을 빼앗기는 을사늑약이 강제로 체결되었지요. 정당하지 않은 방법으로 강제로 체결되었다고 해서 조약이 아니라 늑약이라 불러요.

이날 일본은 중명전은 물론 경운궁 안팎을 군인으로 에워쌌어요. 고종은 이 조약을 거부했지요. 이 조약으로 외교권을 넘겨주면 대외적으로 대한 제국을 대표하는 나라는 일본이 되는 것이었어요. 자기 나라를 대표할 수 없다는 건 곧 국권을 빼앗긴 것과 같다는 걸 고종은 잘 알고 있었지요.

고종이 꿈쩍도 하지 않자 일본의 이토 히로부미는 대한 제국의 신하들을 설득했어요. 그리고 다섯 명이 을사늑약에 찬성했어요. 학부대신 이완용, 군부대신 이근택, 농상공부대신 권중현, 외부대신 박제순, 내부대신 이지용이에요. 그래서 이들을 을사오적이라 불러요.

이토 히로부미는 그 뒤로 우리나라의 권리를 하나하나씩 빼앗아 갔어요. 그러나 1909년 10월 26일, 중국 하얼빈에 갔다가 안중근 의사의 총에 맞아 죽었지요. 안중근은 이토 히로부미를 죽인 이유에 대해 동양 평화를 해친 죄, 대한 제국의 황제를 강제로 쫓아낸 죄, 남의 나라를 강제로 빼앗은 죄, 명성 황후를 죽인 죄 등 15가지 죄목을 조목조목 들었어요.

을사늑약으로 외교권을 빼앗긴 고종 황제는 1907년 네덜란드 헤이그에

몰래 신하들을 보내 전 세계에 일본의 만행을 알리려 했어요. 그러나 이 사건을 빌미로 일본은 고종 황제를 강제로 물러나게 하고, 대한 제국의 군대까지 없애 버렸어요.

　지금도 덕수궁 중명전에는 을사늑약과 헤이그 밀사에 관련된 자료가 전시되어 있어서 당시의 상황을 잘 알아볼 수 있답니다.

(사진 출처)
93쪽 익종 대왕 입학도_서울대학교 규장각한국학연구원
115쪽 동궐도_고려대학교박물관
135쪽 서궐도안_고려대학교박물관

주제로 보는 어린이 한국사 시리즈
역사가 살아 숨 쉬는 서울의 다섯 궁궐 이야기
유쾌발랄 궁궐 여행

초판 1쇄—발행 2018년 8월 1일
초판 5쇄—발행 2023년 11월 10일

지은이—김경복
펴낸이—이혜경

펴낸곳—니케주니어
출판등록—2014년 4월 7일 제300-2014-102호
주소—서울시 종로구 새문안로 92 광화문 오피시아 1717호
전화—(02)735-9515
팩스—(02)6499-9518
전자우편—nikebooks@naver.com
블로그—nikebooks.co.kr
페이스북—www.facebook.com/nikebooks 인스타
그램—www.instagram.com/nike_books

ⓒ 니케주니어, 김경복 2018

ISBN 978-89-98062-11-8 74300
ISBN 978-89-98062-08-8 (세트)

• 책값은 뒤표지에 있습니다.
• 잘못된 책은 구입한 서점에서 바꿔 드립니다.

이 도서는 한국출판문화산업진흥원 2018년 우수출판콘텐츠 제작 지원 사업 선정작입니다.

이 도서의 국립중앙도서관 출판예정도서목록(CIP)은 서지정보유통지원시스템 홈페이지(http://seoji.nl.go.kr)와 국가자료공동목록시스템(http://www.nl.go.kr/kolisnet)에서 이용하실 수 있습니다.(CIP제어번호: CIP2019000411)